COLLECTION MICHEL LÉVY

LA GRANDE DAME

OUVRAGES

D'EUGÈNE SUE

Parus dans la collection MICHEL LÉVY

ADÈLE VERNEUIL	1 vol.
LA BONNE AVENTURE	2 —
CLÉMENCE HERVÉ	1 —
LES FILS DE FAMILLE	3 —
GILBERT ET GILBERTE	3 —
LA GRANDE DAME	1 —
LES SECRETS DE L'OREILLER	3 —
LES SEPT PÉCHES CAPITAUX	6 —
L'ORGUEIL	2 —
L'ENVIE. — LA COLÈRE	2 —
LA LUXURE. — LA PARESSE	1 —
L'AVARICE. — LA GOURMANDISE	1 —

Imprimerie de L. TOINON et Cie, à Saint-Germain-en-Laye.

LE DIABLE MÉDECIN

LA

GRANDE DAME

— HENRIETTE DUMESNIL —

PAR

EUGÈNE SUE

PARIS
MICHEL LÉVY FRÈRES, LIBRAIRES ÉDITEURS
RUE VIVIENNE, 2 BIS

1862
Tous droits réservés

1861

LA GRANDE DAME

I

Monsieur le duc DE SÉNANCOURT descendait directement de l'une des plus anciennes et des plus illustres familles de France. Jeune encore, lors de la première Restauration, il avait servi dans ce que l'on appelait la *maison rouge* du roi Louis XVIII; puis, plus tard, il avait été incorporé dans les gardes du corps; mais sans vocation pour l'état militaire, il l'abandonna et épousa une riche héritière, portant comme lui un grand nom aristocratique. De ce mariage, il eut deux enfans, Tancrède et Valentine de Sénancourt. Pendant longtemps il vécut en grand seigneur, habitant ses terres pendant la belle saison, et, en hiver, son magnifique hôtel patrimonial, situé rue de Grenelle-Saint-Germain.

La mère du duc, madame la duchesse douairière de Sénancourt, venait d'abord régulièrement chaque année passer à Paris quelques mois chez son fils; mais, à mesure qu'elle avançait en âge, ses voyages à Paris étaient de plus en plus rares, et environ douze ans avant le commencement de ce récit, elle ne quitta plus le château de Sénancourt et les vastes domaines composant son douaire.

Monsieur de Sénancourt, las d'une existence oisive, se *mit* peu à peu dans l'*industrie*, ainsi que l'on dit aujourd'hui. Galant homme en toutes choses, d'une probité scrupuleuse, il était loyal et bienveillant, mais son esprit était assez limité dans son étendue.

Madame de Sénancourt, pieuse, douce, irréprochable, mais sans aucune initiative, en un mot sans caractère, n'avait d'autre volonté que celle de son mari; elle le chérissait, ainsi que ses deux enfans, très méritans de la vive affection qu'ils inspiraient à leur père et à leur mère. Tancrède, leur fils aîné, était alors âgé de vingt-deux ans; Valentine en avait dix-sept. Cette famille vivait heureuse, paisible, tendrement unie. Ce bonheur, cette tranquillité furent troublés, ainsi que le prouvera la suite de ce récit.

II

Monsieur le duc de Sénancourt, ayant depuis peu de temps vendu son hôtel de la rue de Grenelle, était venu habiter dans le quartier des Champs-Elysées une moderne et charmante maison. Nous introduirons le lecteur dans le salon principal de cette demeure, salon d'une extrême coquetterie. Les boiseries sont blanches, rehaussées de moulures dorées; les rideaux de damas vert tendre, les contre-rideaux de guipure, ornés de volans de point d'Angleterre et de nœuds de rubans ; de grands vases de porcelaine de Chine, servant de jardinières, tout remplis de fleurs ; des fauteuils et des canapés de bois doré ; enfin des meubles de Boule complètent l'ameublement. Plusieurs portraits de famille, de moyenne dimension, encadrés de bordures ovales, suspendus aux boiseries, représentent des officiers généraux, des princes de l'Eglise, des femmes de cour et des abbesses, personnages appartenant seulement aux dix-septième et dix-huitième siècles, quoique l'illustration de la maison de Sénancourt remonte au temps des croisades.

Ce salon, étroit, bas de plafond et d'une élégance moderne, manque d'ampleur, de majesté. Cette appréciation est aussi celle d'un vieillard à cheveux blancs, d'une figure débonnaire et naïve. Il se nomme Dupont. Il est valet de chambre de confiance de *madame la duchesse-mère*, ainsi que dans la famille on appelle la mère de monsieur de Sénancourt, afin de la distinguer de sa belle-fille la duchesse.

Dupont est l'un de ces types de dévouement, de fidélité domestiques devenus rares de nos jours. Arrivé la veille au soir à Paris avec sa maîtresse (la duchesse douairière de Sénancourt, dont il est le premier valet de chambre), il contemple depuis quelques instans la moderne élégance de l'appartement, et, hochant la tête, il se dit :

— Ce salon est joli au possible ! c'est une bonbonnière, mais ça sent le colifichet ! Ah ! quelle différence avec les immenses pièces de notre vieux château de Sénancourt, aux antiques boiseries de chêne sculptées, aux tentures de tapisserie de haute lice représentant les grandes batailles d'Alexandre ou des sujets mythologiques! Vraiment, cette charmante petite maison, récemment louée par monsieur le duc, danserait à l'aise à Sénancourt, dans notre ancienne salle des gardes aux quatre cheminées. De fait, sans exagération, je serais logé beaucoup plus largement dans le foyer de l'une de ces cheminées de dix pieds de hauteur que dans la chambre où j'ai couché cette nuit, puisqu'à Paris ils ont la bonté d'appeler cela une chambre!—ajoute Dupont d'un air narquois. — J'étouffais... Il faut que l'air soit ici hors de prix pour qu'on le ménage autant!

Le monologue de Dupont est interrompu par l'entrée de madame Boyer, femme de charge de la maison du duc. Madame Boyer, âgée de cinquante ans environ, est fort replète; la volubilité de son langage, son outrecuidance parisienne et la pétulance de ses gestes offrent un contraste piquant avec la bonhomie candide et calme du vieux valet de chambre.

— Mon cher Dupont, — dit madame Boyer, — l'on vient d'aller chercher monsieur le docteur Max; c'est justement l'heure de ses consultations.

— Alors on le trouvera chez lui?

— Chez lui? Jamais! Est-ce que personne au monde peut se vanter d'être entré dans la caverne du *diable-médecin?*

— Monsieur le docteur est donc toujours aussi original qu'autrefois?

— Son originalité ne fait que croître et embellir, mon cher Dupont.

— Heureusement, il n'en est pas moins le meilleur médecin de Paris, et madame la duchesse-mère a conservé toute confiance en lui. Grâce à Dieu, cette indisposition d'hier n'aura pas, je le crois, de suites sérieuses. Madame va mieux, car déjà ce matin elle a brusqué... ou, comme elle dit, ruchonné sa femme de chambre Brigitte. C'est bon signe ; cela prouve que madame revient à son état naturel.

— Le fait est que, malgré ses soixante et dix-huit ans, madame la duchesse a encore une voix, un regard, une prestesse ! Voilà près de dix années que je ne l'avais vue: je l'ai trouvée pour ainsi dire rajeunie. Mais, mon cher Dupont, d'où venait donc la furieuse colère de votre maîtresse ?

— Oh ! elle venait de loin ! Madame la duchesse n'a pas décoléré, depuis notre départ de Sénancourt.

— Et la cause de cette irritation ?

— C'est le chemin de fer, — répond Dupont en soupirant, — c'est ce maudit chemin de fer !

— Comment cela ?

— Lorsque madame la duchesse s'est décidée subitement à venir à Paris dare-dare, afin de voir son fils, monsieur le duc, j'ai cru bonnement qu'elle prendrait place dans le chemin de fer ; on l'a terminé récemment, et, par parenthèse, il coupe en deux notre immense parc de Sénancourt. Quel irréparable désastre ! un parc de plus de six cents arpens, planté de chênes dont la plupart ont au moins deux siècles d'existence !

— Ah dame ! mon cher Dupont, l'utilité publique avant tout ! Et madame la duchesse a dû comprendre que...

— Elle ?... ah bien oui ! Figurez-vous donc, à propos de

cela, que, lorsque les ingénieurs sont arrivés à Sénancourt pour tracer au beau milieu de notre parc leur infernal chemin de fer, madame a ordonné qu'on leur fermât au nez les grilles du château. Ils ont insisté pour entrer. Bah ! chansons ! Alors, ils sont allés se plaindre au maire et réclamer son intervention ; monsieur le maire est venu avec son écharpe...

— Alors, les grilles se sont ouvertes ?

— Au contraire ! Madame la duchesse est accourue afin d'arraisonner elle-même, à travers la grille de la cour d'honneur, notre municipal, lui demandant si les ingénieurs se moquaient du monde avec leurs prétentions de couper en deux son parc de Sénancourt, l'un des lieux les plus magnifiques de France, planté par le fameux Lenôtre ? Après quoi, madame a envoyé promener monsieur le maire, son écharpe et les ingénieurs.

— Quelle femme ! quelle terrible femme !

— Monsieur le curé, instruit de l'objet de la discussion, s'est à son tour présenté à la grille, prêchant à madame la résignation, l'obéissance aux lois.

— Le curé a été plus heureux que le maire ?

— Plus heureux en ce que, au lieu de l'envoyer paître, comme elle y avait à peu près envoyé monsieur le maire, madame a prié monsieur le curé de la laisser tranquille et de s'en retourner à son troupeau. Alors le maire, voyant épuisés tous les moyens de conciliation, a déclaré à madame la duchesse qu'il allait requérir la gendarmerie, et que les grilles du château seraient ouvertes de force.

— Pour le coup, votre maîtresse a cédé ?

— Point du tout.

— Comment! elle aurait osé résister à la gendarmerie! à... la... gen... dar... me... rie!

— Parbleu! madame a donné ordre à nos gardes-chasses, aux piqueurs de notre vénerie et à tous les gens du château de s'armer. Enfin, madame avait l'air d'une amazone.

— Bonté divine! une insurrection! une bataille!

— Oui, et sac-à-papier! nous ne la redoutions pas, la bataille, allez! — répond Dupont avec un accent héroïque. — Nous étions comme des lions! Madame la duchesse, malgré son caractère emporté, est adorée dans le pays, dont elle est la *Notre-Dame-de-Bon-Secours*; ses gens se jetteraient au feu pour elle. Nous voilà donc réunis dans la cour d'honneur, au nombre d'une trentaine de serviteurs, autour de madame. Elle ne reculait pas d'une semelle... ah! mais non! Nous étions tous armés, tous, jusqu'au chef de cuisine et à ses marmitons, lorsque les gendarmes se présentèrent avec leurs carabines.

— Leurs carabines! Ah! mon cher ami, vous me donnez la chair de poule!

— Ma foi! ça allait devenir très vilain, lorsqu'un des voisins de terre de madame, monsieur le marquis de Beauregard, qu'elle affectionne beaucoup, est arrivé à cheval, demandant à parlementer. Madame a consenti à l'écouter. Il lui a démontré que, résister par la violence, ce serait certainement exposer ses gens à la prison et à des peines très sévères, car force resterait toujours à la loi. Alors madame la duchesse, craignant de nous faire arriver malheur, a ordonné d'ouvrir les grilles du château, et la bataille a fini faute de combattans. Mais, sac-à-papier! nous étions fièrement résolus!

— J'en reviens à mon dire : quelle terrible femme ! à soixante-dix-huit ans ! C'est un vrai dragon !

— D'après cela, ma chère Boyer, vous comprenez quelle dent, quelle énorme dent madame la duchesse a conservée contre les chemins de fer en général et celui de Sénancourt en particulier. Aussi, j'ai cru qu'elle allait m'étrangler lorsque, sachant qu'elle voulait partir pour Paris, je lui ai demandé innocemment si elle voyagerait en chemin de fer. A cette question, madame est entrée dans une colère blanche, et m'a reproché comme un crime la pensée de vouloir « la colloquer, disait-elle, avec le premier venu » dans ces abominables voitures dont le bruit seul l'exas-
» pérait lorsqu'elle entendait le roulement du convoi tra-
» versant son malheureux parc. » Enfin, elle m'a ordonné de demander, selon sa coutume de voyager, six chevaux de poste pour sa berline et un bidet pour notre courrier.

— Mais depuis l'achèvement du chemin de fer, presque tous les relais de poste doivent être démontés?

— Justement ! Aussi, vous le disais-je, madame la duchesse n'a pas décoléré pendant la route ; tantôt il n'y avait de disponibles que trois chevaux, tantôt deux, et encore fallait-il les attendre aux relais durant des heures, parce qu'ils étaient aux champs. Enfin, au lieu de nos anciens postillons à grosse queue, à grosses bottes, à vestes bleues chamarrées d'argent, qui vous menaient ventre à terre lorsque, comme madame, on payait les guides à cinq livres, c'étaient des paysans en blouse et en sabots qui enfourchaient les chevaux, et vingt fois nous avons failli verser.

— Je m'explique la colère de votre maîtresse, mon cher Dupont.

— Malheureusement, madame a éprouvé plus que de la colère,—reprend tristement le vieux serviteur ; — la colère passe, mais le chagrin...

— Quel chagrin ?

— Au dernier relais avant d'entrer à Paris, Lorrain, notre courrier, au moment de monter à cheval, me demande où nous allons.—« Parbleu, lui dis-je, nous allons » à l'hôtel de Sénancourt, rue de Grenelle-Saint-Ger» main. » — Nous partons...

— Vous ignoriez donc...

— Laissez-moi achever, ma chère Boyer, laissez-moi achever. Donc, nous partons, Brigitte dans la berline avec madame la duchesse, moi sur le siége de derrière. Nous traversons Paris, nous arrivons rue de Grenelle à la nuit tombante : je reconnais l'hôtel de Maillebois, voisin de l'hôtel de Sénancourt. Je crie aux postillons d'arrêter, je descends de mon siége, et je vois notre courrier, tenant son cheval par la bride, venir à moi l'air tout ahuri, me disant : — « Ah ! monsieur Dupont, en voilà bien d'une » autre ! l'hôtel n'y est plus ! »

— Naturellement, puisque monsieur le duc l'a vendu. Spéculation magnifique ! car, après avoir démoli l'hôtel, on a percé une nouvelle rue dans son immense jardin. C'est tout simple, cela.

— Ah ! vous trouvez cela simple, vous ? Hé bien ! j'aurais voulu vous voir à ma place lorsque je me suis approché de la portière de la voiture, afin de répondre à madame la duchesse, qui criait avec impatience : « Qu'est-ce que c'est ? Pourquoi s'arrêter là ? Pourquoi ma voiture n'entre-t-elle point chez mon fils ? »

— Votre maîtresse n'était donc pas instruite de la vente de l'hôtel?

— Hé! malheureusement non! car elle tenait à cette habitation autant qu'à la prunelle de ses yeux, comme on dit.

— Mais enfin, l'hôtel appartenait bel et bien à M. le duc ?

— A la bonne heure! mais ça n'empêche pas que sa mère (elle a toujours eu un courage de lionne!), se trouvant toute jeune veuve lors de la première révolution, n'avait pas voulu émigrer, bravant ainsi tous les dangers, afin de mettre à l'abri du séquestre cet hôtel et ses terres de l'Anjou, du Berri et du Dauphiné. Oui, madame la duchesse a été trois fois traduite devant le tribunal révolutionnaire, et trois fois sa présence d'esprit, sa résolution, les bonnes raisons qu'elle a données l'ont fait absoudre des accusations capitales portées contre elle. Je savais tout cela ; je savais combien cet hôtel était cher à ses souvenirs; aussi, j'aurais voulu être à cent pieds sous terre lorsque j'ai dû apprendre à madame que l'hôtel était démoli, et que, sur son emplacement, on avait percé une rue.

— Le fait est, mon cher Dupont, que vous deviez vous trouver dans un fier embarras !

— Enfin, je prends mon courage à deux mains, et je dis à madame la duchesse : — Ma marraine... (je suis son filot, et j'appelle madame ma marraine dans les grandes occasions), — ajoute le bonhomme d'un ton naïf et confidentiel. — Aussi, tout d'abord madame m'interrompt en marmottant à Brigitte : — « Bon ! il m'appelle sa mar-
» raine, il aura fait quelque sottise ! »

— Ah ! ah ! ah ! — interrompit en riant la femme de charge, — ce pauvre Dupont !

— Vous riez ? Hé bien ! moi, je vous certifie que je n'avais point du tout envie de rire. Enfin, j'articule en tremblant :—« Ma marraine, la voiture n'entre point chez mon» sieur le duc, parce que... parce que... son hôtel n'est » plus là... — Qu'est-ce qu'il vient me chanter ? — dit ma» dame à Brigitte. — Est-ce qu'il rêve tout éveillé, celui» là ? Vous allez voir qu'un de ces badauds de Parisiens » aura mis l'hôtel de Sénancourt dans sa poche ! »

— L'idée est plaisante, — reprend madame Boyer en riant, — fort drôle ! fort drôle !

— C'est fort drôle, en effet, — s'écrie Dupont impatienté,—mais ce qui ne fut point plaisant, tant s'en faut, c'est la figure de madame la duchesse lorsqu'elle a su la vérité ! Notre courrier, allant aux informations chez un marchand de vins de la rue de Grenelle, avait appris là que monsieur le duc, après la vente de l'hôtel, avait loué cette maison-ci; finalement, je fais part de ces renseignemens à madame la duchesse.

— Bonté divine ! quelle a dû être sa colère, hein ! mon pauvre Dupont ?

— Vous vous trompez,—répond le vieux serviteur en secouant mélancoliquement la tête. — Ah ! plût au ciel que madame se fût mise en colère !... Mais non, elle a rougi, pâli; une larme a roulé dans ses yeux, elle a baissé le front, est restée silencieuse; puis, tout à coup, elle m'a dit avec un gros soupir et d'une voix altérée : — « Dupont, retour» nons à Sénancourt. — Ah ! madame la duchesse ! » me

suis-je permis de m'écrier, — « ah! ma marraine! vous
» faites cinquante lieues pour venir voir monsieur le duc
» et ses enfans, et vous repartiriez comme cela sans
» avoir mis les pieds chez monsieur le duc! » — Enfin,
soit que mes paroles aient influencé madame, soit qu'elle
eût déjà changé de résolution, elle me dit après un
nouveau silence : — « Que l'on me conduise chez mon
» fils!... »

— Malheureusement, monsieur le duc et ses enfans,
monsieur Tancrède et mademoiselle Valentine, étaient déjà
partis pour l'Opéra. Madame est allée passer quelques jours
en Touraine, chez l'une de ses parentes. On ne comptait
pas sur la visite de madame la duchesse-mère, et l'hôtel
est si petit qu'il n'y avait pas d'appartement réservé pour
elle. Que voulez-vous? l'on croyait qu'elle ne quitterait
plus ses terres de l'Anjou. Enfin, comme elle a voulu se
coucher en arrivant, j'ai pris sur moi de lui donner la
chambre de madame, ne doutant pas de l'approbation de
monsieur le duc. En effet, à son retour de l'Opéra, ses
enfans et lui ont appris à grand regret que madame la duchesse-mère, fatiguée de son voyage, ne voulait voir personne avant ce matin. Monsieur le duc a déjà envoyé deux
fois savoir si elle était éveillée et s'il pouvait se présenter
chez elle.

— Madame a passé une nuit très agitée. Brigitte la veil-
lait et m'a commandé tout à l'heure, de la part de madame, ainsi que je vous l'ai dit, d'envoyer querir monsieur
le docteur Max, autrefois son médecin habituel, et dont
elle a connu le père pendant la révolution... un fameux
jacobin, par parenthèse!

— Monsieur le docteur ne peut tarder à venir ; vous ne devez donc concevoir aucune inquiétude sur les suites de l'indisposition de votre maîtresse, puisque déjà elle se trouve mieux.

— Sans doute, mais, à son âge, une indisposition est toujours chose grave. Elle qui, malgré ses soixante dix-huit ans, se portait comme le pont Neuf ! Pourquoi faut-il aussi que monsieur le duc ait vendu ce malheureux hôtel ? Cette vente, voyez-vous, a été un coup cruel pour sa pauvre mère.

— Ecoutez donc, mon cher Dupont, monsieur le duc étant lancé dans les grandes affaires...

— Les affaires d'Etat ne sont point une raison pour...

— Les affaires d'Etat ? Il s'agit bien de cela, ma foi

— Comment ! — reprend naïvement Dupont ; — de quelles affaires peut donc s'occuper un aussi grand seigneur que monsieur le duc ?

— Ah ! ah ! ah ! ce pauvre Dupont ! — dit la femme de charge en éclatant de rire ; — ce pauvre Dupont ! comme l'on voit bien qu'il arrive de son gothique château d'Anjou ! Ah ! mon cher, si vous entendiez monsieur Coquard !...

— Monsieur Coquard ! — répète Dupont avec un accent de suprême dédain ; — qu'est-ce que c'est que ça... monsieur Coquard ?

— C'est l'un des associés de monsieur le duc, un bien aimable homme ; je le préfère de beaucoup à monsieur Louis Morel, autre associé de monsieur le duc, mais qui vous a un air...

— Ah çà ! que me contez-vous là ? — demande le bonhomme abasourdi ; — monsieur le duc associé à des Coquard, à des Morel? associé avec de pareils noms? et pourquoi diable faire?

— Pourquoi?... mais pour ses affaires industrielles. Monsieur le duc est lancé, comme dit monsieur Coquard, lancé à toute vapeur dans les grandes affaires industrielles.

Le vieux Dupont, entendant madame Boyer affirmer que monsieur le duc de Sénancourt, si grand seigneur, dérogeait à ce point qu'il s'occupait d'industrie, le vieux Dupont recula d'un pas, ouvrit démesurément les yeux, et croyant à peine ce qu'il entendait, s'écria en scindant ces mots par de prodigieux hiatus :

—Monsieur le duc! dans... les... aff...aires... in...dus... tri...elles !

— Pardi! — répond délibérément madame Boyer, — monsieur le duc est en plein dans les spéculations ! Il a placé toute sa fortune dans des usines, dans les manufactures, dans les chemins de fer!... dans les...

— Dans les chemins de fer ! — répète le bonhomme en levant ses mains vers le plafond, et les traits empreints d'une sainte horreur; — les chemins de fer ! dont madame la duchesse ne peut entendre parler sans faillir étrangler de colère! Ce que vous m'apprenez là... est-il Dieu possible?... Quoi!... monsieur le duc...

— Si vous ne me croyez pas, prenez le premier journal venu, cherchez aux annonces et vous y lirez en lettres grosses comme le pouce : *Chemin de fer de...* etc.; conseil de surveillance, président, monsieur le duc de Sénancourt; ou bien encore : *Société des tabacs de Constantine*, président de la compagnie, monsieur le duc de Sénancourt; gérant, monsieur Coquard: ou bien encore : *So-*

ciété pour l'exploitation des boues de **Paris**, président du conseil d'administration, encore monsieur le duc de Sénancourt, etc., etc.

— Qu'est-ce qu'elle dit là ? — balbutie Dupont pétrifié. — Monsieur le duc... dans les.... boues de Paris !...

— C'est du nanan ! mon cher Dupont,—répond madame Boyer, chafriolant et passant sa langue sur ses lèvres; — du vrai nanan !

— Fi ! fi ! — s'écrie le bonhomme. — Pouah !

— Excellente, excellentissime affaire, vous dis-je, mon cher ; les actions se négocient à 120 fr. de prime ! Monsieur le duc a eu la bonté de m'en accorder trois. C'est un superbe placement ! Croyez-moi, si vous avez des économies, suivez mon exemple : faites-les fructifier. Je vous mettrai en rapport avec ce bon monsieur Coquard ; c'est un homme d'or !

— Est-ce que je rêve ? est-ce que je veille ? — balbutie le digne serviteur, et il ajoute avec un accent douloureusement ému :

— Oh ! ma bonne et respectable marraine, vous si fière, vous si grande dame !... monsieur le duc votre fils trafiquant des boues de Paris !...

Dupont, pressentant combien sera cruelle la surprise de sa maîtresse en apprenant à quels négoces se livre monsieur de Sénancourt, tombe accablé dans un fauteuil et porte son mouchoir à ses yeux pleins de larmes

III

Madame Boyer, à l'exemple du maître de la maison, était depuis longtemps familiarisée avec les idées d'agiotage et de spéculation dont s'effarouchait si fort le vieux Dupont. Aussi, ne comprenant rien à l'affliction ingénue du bonhomme, qui lui semblait profondément ridicule, madame Boyer allait céder à un nouvel accès d'hilarité, mais elle se contint par égard pour son ancien camarade, et haussant les épaules :

— Ma parole d'honneur ! mon cher Dupont, vous avez l'air de revenir du Congo ! Est-ce que, de nos jours, petits et grands ne spéculent pas ? Est-ce que tout le monde ne prend pas des actions ? Peste ! bien heureux encore ceux qui peuvent en avoir ! Moi, grâce aux conseils de M. Coquard, telle que vous me voyez, je suis à la fois dans le *Nord*, dans le *Midi* et dans l'*Ouest*... Il ne me manque que de l'*Est*.

Dupont, toujours assis, répète ébahi :

— Elle est à la fois dans le nord... dans le midi... et dans l'ouest !...

— Dernièrement, — poursuit la femme de charge avec une animation croissante, — malgré l'avis de M. Coquard, je suis sortie de la *Vieille-Montagne*, pour me fourrer dans le *Noir animal* et dans le *Blanc de zinc*... mais...

— Elle est sortie d'une vieille montagne... pour se fourrer dans le blanc et dans le noir?.. Ah ! la malheureuse ! elle est grise ! — s'écrie le bonhomme se levant soudain ; — elle a bu... Dieu me pardonne... elle a bu !

— Mais j'attends la baisse pour y rentrer, dans ma Vieille-Montagne ! Alors, je n'en sors plus ! — continue madame Boyer très exaltée. Puis, s'adressant brusquement à Dupont : — Voyons, c'est un coup à risquer ; malgré la hausse, voulez-vous y entrer avec moi, hein ?

— Entrer... où cela? — s'écrie le bonhomme ahuri, effaré, — où cela?... où voulez-vous que j'entre?

— Dans la Vieille-Montagne.

— Eh retournez-y, et surtout n'en sortez plus, de votre montagne ! — reprend Dupont exaspéré. — Elle est folle à lier ! elle me rendra fou !

— Mon Dieu, qu'il est donc bête, ce Dupont ! il ne comprend rien ! — dit madame Boyer haussant les épaules. Et apercevant Valentine de Sénancourt qui entre dans le salon, elle ajoute : — Voici mademoiselle. Venez, mon cher, je vous présenterai à monsieur Coquard; il vous mettra au courant; il vient tous les matins chez monsieur le duc.

— Allez au diable ! — répond le vieux serviteur en essuyant son front baigné de sueur. — Rien qu'à vous entendre, je suis en nage !

IV.

Mademoiselle Valentine de Sénancourt a dix-sept ans. Rien de plus charmant que sa figure ; rien de plus distingué, de plus gracieux que l'ensemble de sa personne. Elle s'adresse affectueusement au vieux serviteur, qui l'a vue naître:

— Je suis très contente de te revoir, mon bon Dupont. Comment se porte ma grand'mère, ce matin? Est-elle reposée des fatigues de son voyage? Puis-je aller chez elle l'embrasser? Mais qu'as-tu donc? — ajoute Valentine de

Sénancourt, voyant Dupont essuyer de nouveau son front.
— Tu sembles mal à ton aise ?

— Je demande bien pardon à mademoiselle, — répond le bonhomme encore abasourdi ; — mais cette Boyer, avec son nord, son midi, son blanc, son noir, sa montagne, son Coquard... en vérité, je ne sais plus ce que je dis.

— Madame Boyer ! — dit à la femme de charge mademoiselle de Sénancourt fort surprise, — expliquez-moi donc la cause de l'émotion de ce bon Dupont ?

— Je supplie mademoiselle de ne pas prendre la peine de s'occuper de moi, — se hâte de répondre le vieux serviteur. — J'avais une sorte d'éblouissement ; cela se passe. Je vais aller m'informer si madame la duchesse-mère peut recevoir mademoiselle.

— Va vite, — reprend mademoiselle de Sénancourt, — va vite, mon cher Dupont, car j'ai bien hâte d'embrasser ma grand'mère.

Madame Boyer s'approche furtivement de Dupont, qui se dirige vers la porte d'un air hagard et lui dit tout bas :

— Venez, mon cher, je vas vous expliquer comment la Vieille-Montagne...

— Laissez-moi tranquille ! — s'écrie Dupont furieux. — Sac-à-papier ! je vous prouverai que les Angevins ne sont point des Champenois !

Et le digne serviteur sort courroucé, suivi de madame Boyer, qui sourit avec une compassion sardonique, se disant :

— Ce pauvre cher homme est devenu complétement stupide ; et voilà ce que c'est que de vivre en province !

V.

— Chère grand'maman, — se disait mademoiselle de Sénancourt restée seule, — avec quelle joie je vais la revoir ! Elle était si bonne, si gaie ! elle nous gâtait tant dans notre enfance, Tancrède et moi ! Et puis la présence de cette bonne grand'mère me semble d'un heureux augure. Elle arrive justement en ce jour le plus important, le plus heureux de ma vie ! Oui, j'ai bien réfléchi, — ajoute Valentine après un moment de silence, — j'ai bien réfléchi depuis quinze jours; ma résolution est prise, tout à fait prise. Allons, décidément je sais garder un secret !...Ce secret, il m'a coûté de le taire à mon père, à ma mère, et surtout à ce cher Tancrède, mon confident naturel, qui, du reste, je le crois, a deviné que...

Mademoiselle de Sénancourt n'achève pas, et, absorbée par ses rêveries, elle ne s'aperçoit pas de la présence de son frère, qui entre dans le salon. Tancrède de Sénancourt est âgé de vingt-deux ans ; ses traits offrent beaucoup de ressemblance avec ceux de Valentine : il est grand, svelte; sa physionomie ouverte est des plus attrayantes. Il s'approche de sa sœur, qu'il distrait de ses pensées.

— Bonjour, chère sœur,— dit-il affectueusement à Valentine.—Notre grand'mère n'est donc pas encore levée ?

— Je viens d'envoyer Dupont s'informer si elle pouvait nous recevoir.

— Il est fâcheux que nous n'ayons pu aller, hier soir, l'embrasser à notre retour de l'Opéra; mais elle s'était couchée.

— Elle devait être si fatiguée ! Juge donc, mon frère, un voyage d'environ soixante lieues ! et elle est restée presque deux jours en route !

— Pauvre grand'mère ; elle se serait épargné toute fatigue en prenant le chemin de fer.

— Que veux-tu, Tancrède ! à son âge l'on ne renonce pas facilement à ses habitudes ; elle a coutume de voyager dans sa voiture ; puis la vitesse du chemin de fer l'aura sans doute effrayée.

— Elle, si courageuse pourtant ; elle qui, pendant la révolution, pendant la Terreur, a osé rester en France, ne pas émigrer !

— Ah ! quel courage il fallait pour braver les dangers de ces terribles temps !

— Heureusement, ces temps-là ne reviendront plus ; ce qu'il y a eu de bon, d'utile dans la révolution, reste acquis à tout le monde en général!...—Puis souriant, le jeune homme ajoute : — et à toi, chère petite sœur, en particulier.

— Comment ! à moi ?

— Certainement, — reprend Tancrède en souriant encore ; — tu dois beaucoup de reconnaissance à la révolution. Avant la révolution, monsieur Louis Morel, malgré son mérite, son esprit, son noble caractère, ses rares qualités de cœur et l'agrément de sa figure, n'aurait pas été admis dans l'intimité de M. le duc de Sénancourt.

— Ah ! méchant frère ! — dit Valentine souriant et rougissant, tandis que Tancrède continue :

— Avant la révolution, mademoiselle de Sénancourt, appartenant à l'une des plus grandes maisons de France, aurait cru indignement déroger en remarquant... un monsieur Louis Morel.

— Tancrède ! Tancrède !

— Enfin, avant la révolution, le fils de monsieur de Sénancourt aurait passé pour fou s'il avait songé à épouser la sœur d'un... monsieur Louis Morel.

— Que dis-tu ? — s'écrie Valentine avec l'accent d'une surprise profonde; — il serait vrai?..

— Chère Valentine, tu ne m'as jamais fait de confidence, cependant j'ai lu dans ton cœur; oui, conduit presque journellement ici par ses nombreux rapports d'affaires industrielles avec notre père, monsieur Louis Morel, jeune, d'un extérieur séduisant, l'un des ingénieurs les plus remarquables qui soient sortis de l'école polytechnique, galant homme dans toute l'acception du mot, a peu à peu causé sur toi une vive impression. Ce sentiment, je l'ai compris, oh ! oui, je l'ai d'autant mieux compris que je l'éprouvais pour la sœur de monsieur Louis Morel.

— Quel bonheur ! — s'écrie Valentine avec un élan de joie naïve, et embrassant Tancrède ; — quel bonheur ! tu aimes Sidonie Morel ? Il me semble que tu justifies mon affection pour son frère. Hé bien ! oui, je l'aime ; l'heure est venue de ne te rien cacher. Ecoute-moi : Il y a aujourd'hui quinze jours, monsieur Louis Morel, se trouvant par hasard seul avec moi, m'a dit simplement, dignement :
« Mademoiselle Valentine, j'ai l'honneur d'être connu de
» vous et de votre famille depuis bientôt deux ans. M'au-
» torisez-vous à demander votre main à monsieur votre
» père ? Je ferai cette demande dans quinze jours, si ce
» terme vous convient. D'ici là, veuillez réfléchir. Les quinze

» jours expirés, vous daignerez m'instruire de votre réso-
» lution par un signe de tête affirmatif ou négatif, à la
» première occasion que j'aurai de vous rencontrer. J'at-
» tends de vous une seule grâce, celle de garder auprès
» de vos parens un secret absolu sur ma proposition ; je
» désirerais vivement qu'ils ne la connussent que par moi,
» si vous devez l'agréer ; sinon, je voudrais leur épargner
» la nécessité de me répondre par un refus. » — J'ai promis à monsieur Louis Morel de réfléchir et de lui garder le secret ; j'ai tenu ma parole, sauf envers toi, et je t'en prends à témoin, — ajoute ingénument Valentine ; — oui, je t'en prends à témoin, mon frère, tu as deviné avant que je t'aie rien dit.

— J'en fais le serment devant le ciel et devant les hommes ! — répond le jeune homme en souriant. — Mais quel est le résultat de tes réflexions ?

— Tu sens combien c'était grave de prendre toute seule une pareille résolution ?

— Sans doute.

— Aussi ai-je commencé par me rappeler toutes les louanges que mon père accorde journellement devant nous à monsieur Louis Morel, et, Dieu le sait ! je n'avais qu'à choisir parmi mes souvenirs.

— Et cependant, chère sœur, tout en appréciant monsieur Morel aussi dignement qu'il doit le faire, mon père ne peut se passer de ce maudit monsieur Coquard. Sa réputation est loin, dit-on, d'être nette ; vingt fois j'ai été sur le point d'aborder ce sujet avec mon père, mais la crainte de le blesser dans son engouement pour son monsieur Coquard m'a toujours retenu.

— Ah ! le vilain homme ! aussi vulgaire qu'effrontément familier ! Je n'ai de mépris pour personne, mais ce monsieur m'inspire une répugnance invincible ! — répond Valentine avec une expression de dégoût. — Non plus que toi je ne comprends pas comment mon père peut partager sa confiance entre deux personnes si dissemblables : un monsieur Coquard et monsieur Morel, si réservé, si discret, si distingué! Et puis quel noble cœur ! Ah ! Tancrède, sais-tu, à part même les mérites de monsieur Louis Morel, ce qui m'a décidée en sa faveur ? C'est sa touchante affection pour sa sœur ! Restés tous deux orphelins, il l'a, quoique bien jeune encore, entourée d'une sollicitude presque paternelle ; avant d'être arrivé à la fortune, grâce aux grandes découvertes qu'il doit à son génie, il consacrait tout ce qu'il gagnait à faire donner à sa sœur une excellente éducation, et lorsqu'elle est sortie de pension, il l'a gardée près de lui ; il ne vit que pour elle. Enfin, depuis qu'il a demandé à ma mère la permission de lui présenter Sidonie, je l'ai vue souvent, et toujours les larmes me venaient aux yeux en l'entendant me parler de son frère, de son adorable tendresse pour elle. Que te dirai-je, Tancrède ? il m'a semblé, après de longues réflexions, que je ne saurais jamais épouser un meilleur, un plus honnête homme que monsieur Louis Morel.

— Je suis complétement de ton avis ; aussi juge de ma joie, lorsqu'hier Sidonie (avec toi, je peux dire familièrement Sidonie) m'a avoué qu'elle m'aimait. Tu la connais, tu as pu la juger, ma sœur ? hé bien, je te l'assure, sa rare beauté, ses talens remarquables, m'ont sans doute vivement impressionné : mais ce qui m'a surtout séduit, c'est la noblesse de son cœur, c'est la douceur et la fermeté de son caractère, c'est cette charmante vivacité d'esprit qui s'allie chez elle à un jugement d'une inflexible droiture et à un bon sens exquis.

— Tu ne me diras jamais de Sidonie plus de bien que je n'en pense, et, maintenant, je l'aime doublement, puisqu'elle t'aime, cher frère. Songe donc, quel bonheur !… celui et celle que nous aimons, loin d'être étrangers l'un et l'autre, sont unis par le plus doux des liens.

— Enfin, comble de bonheur ! nous sommes certains de voir notre choix approuvé par nos parents. Dernièrement encore, lorsque monsieur Louis Morel a consenti à m'associer à l'exploitation de l'usine où il a mis en œuvre son admirable découverte, — « Mon ami, — lui a dit mon père en
» ma présence, — que mon fils marche sur vos traces;
» vous l'un des hommes dont la France s'honore; qu'il ré-
» ponde dignement à la confiance que vous lui témoignez:
» le vœu le plus cher de mon cœur sera comblé. »

— Cher, cher frère ! — reprend Valentine émue et ravie, — combien tu me rends heureuse et glorieuse en me rapportant ces paroles de mon père ! Je ne serai pas en reste avec toi : je veux que tu saches à quel point ma mère apprécie Sidonie.

— Oh ! dis vite, dis vite !

— Avant le départ de maman, il y a de cela huit jours, mademoiselle Morel est venue ici avec son frère, et pendant qu'il causait avec mon père dans son cabinet, elle nous a rejoints; je touchais du piano; maman l'a priée d'improviser sur un thème de Chopin, qu'elle aime à la folie. Sidonie s'est rendue à ce désir avec une simplicité

parfaite. Ma mère, ne l'ayant jamais entendue, restait dans l'admiration. — « Mais, mademoiselle,—lui dit-elle,—vous
» possédez un talent de premier ordre ; vous me rendez
» jalouse. Ma fille ne sera jamais qu'une écolière auprès de
» vous. — Madame, — répondit Sidonie avec une modestie
» charmante,— j'ai reçu des leçons de monsieur Chopin; je
» dois uniquement à cette bonne fortune, qui a manqué
» à mademoiselle Valentine, les complimens que vous
» voulez bien m'adresser. »

— Je reconnais Sidonie à cette réponse.

— Ensuite, la conversation est tombée sur l'exposition de tableaux.

— Sidonie a du parler de peinture à merveille. Elle est vraiment artiste ; elle peint de ravissans paysages très recherchés des marchands ; ils les payent fort cher, et leur produit est consacré par elle à de bonnes œuvres et aux dépenses de sa toilette, car Sidonie met une sorte de fierté à se suffire à elle-même.

— J'ignorais cette circonstance ; elle augmente encore l'estime et l'affection que mademoiselle Morel m'inspirait déjà. L'entretien étant donc tombé sur l'exposition de peinture, maman a soulevé cette question, aujourd'hui si controversée : du beau et du laid dans les arts, de l'idéal et du *réalisme*, comme on dit. Sidonie a parfaitement résumé la question, et, avec sa modestie habituelle, elle a répondu à ma mère : — « A défaut des connaissances nécessaires pour
» me prononcer sur un pareil sujet, il me semble, mada-
» me, que, selon la simple raison, l'art, pris dans son ac-
» ception la plus noble, doit s'efforcer d'atteindre à l'idéal,
» afin d'élever l'âme par la contemplation du beau. Le réa-

2

» lisme ou la reproduction scrupuleuse de la nature, mê-
» me laide, même difforme, n'est applicable qu'aux por-
» traits. En ce cas, la laideur de Socrate, la difformité du
» prince Eugène, rentrent dans le domaine de l'art, puis-
» qu'alors il est appelé à reproduire fidèlement, pour la
» postérité, l'image de ces grands hommes. »

— Dis, Valentine, cette réponse n'est-elle pas empreinte d'un bon sens exquis ?

— Elle m'a frappée comme toi; il était impossible de mieux exprimer une pensée remplie de justesse. Enfin, l'autre jour, lorsqu'en ton absence, mon père nous a conduit, maman et moi, visiter l'usine de M. Louis Morel, Sidonie nous a fait les honneurs de la maison de son frère avec tant de grâce, de prévenance et de bon goût, que ma mère m'a dit en sortant :—« Ma chère Valentine, j'ai en
» vain cherché dans mon souvenir, je ne me rappelle per-
» sonne qui puisse surpasser mademoiselle Morel en ce
» qui touche la parfaite convenance et la distinction des
» manières; il y a en elle un mélange de candeur et d'es-
» prit, de modestie et de dignité, que je ne saurais trop,
» mon enfant, te donner en exemple.»

— Bonne et chère mère! Oh! l'excellence de son jugement, si justement apprécié, ne m'a jamais été mieux démontrée !

— En un mot, de tout ceci ne résulte-t-il pas pour nous que nos choix seront assurément approuvés par notre famille?

— Qui pourrait en douter !

— Oh! ce n'est certainement pas moi. Aussi je suis bien résolue de répondre aujourd'hui... aujourd'hui, terme fatal de mes quinze grands jours de réflexion, — jouta Valentine souriant, — je suis résolue de répondre à monsieur Morel que je l'autorise à présenter sa demande à mon père.

— Petite sœur, sois assez gentille pour me charger d'être ton ambassadeur.

— Auprès de monsieur Louis Morel?

— Je vais aller tout à l'heure chez lui; laisse-moi lui annoncer une nouvelle qui le transportera de joie.

— De grand cœur, cher frère, car, te l'avouerai-je? quoiqu'il doive réaliser tous mes vœux, ce *oui* solennel ou ce signe de tête affirmatif, à défaut de parole, me semblait un peu embarrassant; aussi, je te sais un gré infini de ton offre.

— Ne te hâte pas de me remercier; j'agis en égoïste.

— Comment cela?

— Je profiterai du bonheur que causera ta réponse à monsieur Louis Morel pour lui demander la main de sa sœur, et le prier de faire agréer cette demande à nos parens.

— Excellente idée! — reprend Valentine. Puis elle ajoute avec émotion: — Ah! Tancrède, quel grand jour pour nous que celui-ci!

La jeune fille venait de prononcer ces derniers mots, lorsque madame la duchesse douairière de Sénancourt vint rejoindre ses deux petits-enfans.

VI

Madame la duchesse douairière de Sénancourt était, ainsi qu'elle le disait elle-même, une femme des anciens temps.

Soumise à l'empire de préjugés déplorables, incurables, elle possédait cependant de hautes qualités souvent communes aux personnes de sa caste aristocratique : une extrême générosité, une dignité de soi poussée jusqu'au scrupule, le culte des ancêtres la préoccupation constante de l'honneur de la famille et du religieux respect que l'on doit à son nom ; sentiment souvent exagéré, déraisonnable, quant aux causes, sinon de déshonneur, du moins de déchéance dont peut être terni l'éclat du blason d'un *gentilhomme*, mais qui du moins procède d'une inflexible fierté de caractère, sauvegarde assurée contre les lâchetés, les bassesses et les apostasies infâmes.

La duchesse douairière de Sénancourt, âgée de plus de soixante et dix-huit ans, est encore svelte et leste ; ses cheveux blancs poudrés à la maréchale, crêpés sur ses tempes, sont à demi cachés par les barbes de son bonnet ; son nez aquilin, ses grands yeux gris, au regard d'aigle, et dont l'âge n'a point affaibli l'éclat, le spirituel et énergique contour de sa bouche, encore garnie de ses trente-deux dents du plus blanc émail, le port altier de sa tête, donnent à sa physionomie un remarquable caractère de fermeté, d'intelligence et de noblesse. En un mot, eût dit Saint-Simon :

« Madame la duchesse de Sénancourt avait le plus grand
« air du monde, marchait sur les nues, et était de tout
» point ce que l'on aurait pu s'imaginer de plus grande
» dame et de plus hautement titrée, se montrant autant
» au-dessus du vulgaire des femmes de cour, que celles-ci
» sont au-dessus des femmes simplement de qualité. »

Valentine et Tancrède de Sénancourt, absorbés par l'intérêt de leur entretien, ne se sont pas aperçus de la présence de la duchesse douairière. Elle s'arrête à quelques pas des deux jeunes gens et jette çà et là des regards contemplatifs sur les portraits de famille suspendus aux boiseries. Puis, remarquant l'absence d'un tableau important, elle tressaille de surprise et dit brusquement à haute voix :

— Où est donc mon beau Titien ?

A ces mots, Tancrède et Valentine interrompent leur conversation, se retournent vivement, et, à l'aspect de leur aïeule, ils courent à elle avec empressement.

— Bonjour, grand'maman, — dit Valentine. — Combien nous sommes heureux de vous voir à Paris !

— Nous attendions impatiemment l'heure du lever de ma grand'mère, — ajoute Tancrède, employant respectueusement la locution de la *troisième personne* en s'adressant à son aïeule. — Ma grand'mère ne se ressent plus, je l'espère des fatigues de son voyage ?

La duchesse douairière embrasse tendrement et tour à tour les deux jeunes gens et leur dit :

— Merci, mes enfans ; je n'ai point passé une trop mauvaise nuit. — Puis, examinant Tancrède et Valentine avec un affectueux intérêt, — Vous avez tenu ce que vous promettiez : Valentine est charmante, et tu es devenu le plus joli garçon du monde, mon cher Tancrède. Mais, à propos de Tancrède, où est donc mon beau Titien ?

— Ma grand'mère veut sans doute parler du portrait du maréchal *Tancrède de Sénancourt* ?

— Oui... Où est-il donc, ce tableau ?

— Grand'maman, — reprend Valentine, — ce portrait équestre était d'une telle dimension, que lorsque nous avons quitté l'hôtel de la rue de Grenelle pour venir occuper cette maison, il a été impossible d'y placer le portrait du maréchal, en raison de la petitesse des appartemens.

— L'on a essayé de mettre ce tableau dans l'un des salons, — ajoute Tancrède, — mais le cadre touchait d'un côté au parquet et de l'autre au plafond.

— Alors, mon père a fait déclouer la toile, — dit Valentine, — on l'a roulée soigneusement, et on l'a portée...

— Au grenier ! — s'écrie la duchesse douairière avec indignation, en attachant sur les deux jeunes gens silencieux et embarrassés ses grands yeux gris, étincelans de courroux. Tancrède se hasarde de répondre :

— Mon père a fait placer la toile du portrait dans une chambre servant de garde-meuble.

— Certainement ; rien de plus simple : au garde-meuble, Mémoire des aïeux ! — reprend la grande dame avec une explosion d'ironie amère ; — au garde-meuble, souvenirs de gloire et d'antique chevalerie !

— Bonne maman, — fait observer timidement Valentine, — la grandeur de ce portrait était telle que l'on n'a pu...

— Oui, oui ! — s'écrie la duchesse douairière avec un redoublement d'amertume, — oui, même en peinture, la grandeur des hommes des anciens temps est incompatible avec la petitesse des choses de cet abominable siècle-ci ! C'est évident, c'est flagrant ! Ce n'est certes point moi qui prétendrai le contraire. — Ah ! ah ! ah ! — ajoute la duchesse avec un éclat de rire sardonique, — qu'il était bête, mais qu'il était donc bête, ce pauvre maréchal Tancrède de Sénancourt, de verser son sang pour son roi ! Car figurez-vous qu'à la bataille de Marignan... Mais j'y songe :

est-ce que vous sauriez par hasard qu'il y a eu une bataille de Marignan ?

— Oui, ma grand'mère. Cette bataille a été livrée au commencement du règne de François Ier.

— Vraiment! l'on vous a appris le nom de ce roi chevalier (1)? — reprend la grande dame toujours sarcastique; — c'est, par ma foi, surprenant! Or, à la bataille de Marignan, François Ier, combattant, selon sa coutume, en vrai gendarme, se trouvait engagé au milieu d'un escadron de reîtres ; le maréchal Tancrède, déjà blessé, voyant en grand péril son valeureux roi, pique à lui, le dégage, embourse deux arquebusades ; elles lui cassent un bras et une cuisse, et il tombe à moitié mort sous son cheval, criblé comme lui de blessures.

— Mon père, — reprend Tancrède, — ne nous a pas laissé ignorer de quelle gloire s'est couvert notre aïeul.

— Cette gloire, on l'honore ici d'une étrange façon, — dit la grande dame contenant à peine son irritation. — Enfin, j'achève... Quelque temps après la bataille de Marignan, François Ier, se trouvant avec sa cour à Fontainebleau, commanda au Titien le portrait du maréchal de Sénancourt monté sur son brave cheval de bataille; ce portrait équestre fut l'un des chefs-d'œuvre de ce peintre célèbre, et, de plus, François Ier, prenant de sa main royale le pinceau du Titien, traça ces deux vers au bas de la toile :

---

(1) L'auteur de ces récits ne s'associe en rien à l'admiration professée par la duchesse de Sénancourt pour François Ier, ce gladiateur couronné, l'un des rois les plus dissolus, les plus cruels, les plus hypocritement fanatiques qui aient souillé les pages de l'histoire de France. (*Note de l'Auteur.*)

Titien t'immortalise, ô chevalier sans peur;
François te doit la vie, il l'écrit avec heur.

— Oui, grand'maman, — dit Valentine, — nous avons souvent lu ces vers touchans tracés au bas du portrait du maréchal.

— Et les vers et le tableau sont au grenier ! — reprend la grande dame. — Et voilà le respect qu'on a pour les aïeux! Le maréchal se disait, dans le juste orgueil de sa gloire méritée : « Mon portrait, peint par Titien et illustré de deux vers de mon maître, le roi François Ier, mon portrait sera l'honneur de mon nom! l'exemple de ma maison ! la fierté de mes descendans ! » Paix là! paix là, bonhomme! laissez-nous tranquilles ! vous radotez! Vertu de ma vie ! nous avons beau souci, vraiment! beau souci nous avons de l'honneur de notre maison! Montez vite au garde-meuble et vous y cachez, bonhomme ! Il n'est point de place ici pour vous; c'est votre faute... vous êtes trop grand!

— Bonne maman, — répond Valentine, — je vous assure que mon père...

— Ah! mon Dieu ! — s'écrie la duchesse douairière redoublant de causticité, — s'il y avait des rats dans le garde-meuble ! Si ces vilaines bêtes allaient manger monsieur le maréchal de Sénancourt ! dites donc, mes enfans, savez-vous que ça serait fièrement désobligeant pour le bonhomme? Lui, l'un des plus fameux capitaines de son siècle, finir sous la dent des rats !... après avoir réchappé des arquebusades de Marignan !

Un valet de chambre entre dans le salon et dit:

— Monsieur le docteur Max demande si madame la duchesse peut le recevoir?

— Certainement! qu'il vienne!—répond la grande dame au valet de chambre, qui sort presque aussitôt, et elle ajoute : — Il fera une cure miraculeuse, en sa qualité de *diable-médecin*, le docteur Max, s'il me guérit de l'indignation que j'éprouve!—Et levant les yeux au plafond, la duchesse ajoute : — Vertu de ma vie! quel temps! quel temps!

— Grand'maman,— dit Valentine, le cœur gros et osant à peine regarder son aïeule, — nous allons prévenir mon père qu'il peut se rendre près de vous.

— Un instant! un instant! — reprend la grande dame d'un ton brusque et courroucé ; — je ne veux recevoir personne avant d'avoir consulté le docteur Max. L'on me fera mourir de male rage ici!

— Votre arrivée nous comblait de joie, chère bonne maman,— dit Valentine les larmes aux yeux;— pourquoi faut-il que...

La jeune fille n'achève pas, les pleurs étouffent sa voix. Son aïeule, émue, malgré sa colère, dit aux deux jeunes gens qu'elle baise au front :

— Allons, embrasse-moi, Valentine, et toi aussi, Tancrède. Ce n'est point vous autres que j'accuse, pauvres enfans; vous êtes ce que l'on vous fait! J'ai été bien ruchonneuse, bien grondeuse, n'est-ce pas? Que voulez-vous!... tout ce que je vois ici me met d'une humeur de loup. Allons, sauvez-vous vite, de peur d'être mangés par la mère-grand.

L'entretien de la duchesse douairière et des deux jeunes

gens est interrompu par l'entrée du docteur Max. Il salue Tancrède et sa sœur, qui s'éloignent en échangeant tout bas ces mots :

— Bon Dieu, mon frère, comme notre grand'mère est en colère !

— C'est la faute du maréchal de Sénancourt, mort il y a trois cents ans. Aussi, ma foi, nous pouvons sans crainte pester contre lui. Ne te chagrine pas, je cours chez monsieur Louis Morel.

— Et surtout dis-lui bien que : *oui*, — répond Valentine à son frère.

Tous deux laissent leur aïeule en compagnie du docteur Max.

VII

La duchesse douairière de Sénancourt, à l'aspect du docteur Max, s'était écriée :

— Arrivez donc, docteur ! je vas de mal en pis !

— J'ai rencontré Dupont en montant ici, madame, — répond le docteur Max. — Ce fidèle serviteur m'a raconté la cause de la pénible émotion dont vous avez été saisie hier soir, en apprenant à votre arrivée la destruction de l'hôtel de Sénancourt. Votre indisposition, madame, est plus morale que physique.

— Soit ; mais je n'en souffre pas moins. La conduite de mon fils est indigne !

— Que voulez-vous, madame ! lorsqu'un fléau règne, les organisations les plus saines sont souvent atteintes de la contagion. Mais, quant à vous, madame, — ajoute le docteur Max en tâtant le pouls de la duchesse, — mon ordonnance sera fort simple : vous prendrez une infusion de feuilles d'oranger, où l'on mêlera quelques gouttes d'éther, et vous retournerez surtout et au plus tôt respirer l'air pur et salubre de l'Anjou, sinon vous risqueriez fort, madame, de ne point échapper à l'épidémie.

— Quelle épidémie ?

— Nous l'appelons *febris aurea.*

— Laissez là votre grimoire, docteur, et parlez-moi français.

— L'épidémie en question, madame, est la fièvre d'or.

— Quelle fièvre d'or ? Est-ce une plaisanterie ?

— Rien de plus sérieux, madame, que mes paroles, — répond le docteur Max avec un flegme sardonique. — L'épidémie est constatée ; elle court les rues ; ses symptômes frappent les moins clairvoyans. Ces symptômes, les voici : inquiétude générale chez le malade, physionomie anxieuse, regard enflammé, fièvre dévorante, vive excitation cérébrale souvent suivie de vertige, de délire ; pendant ces accès, presque permanens, le malade est sujet à des illusions, à des mirages étranges, particuliers à cette fièvre causée par la soif ardente, inextinguible de l'or ; elle est spécialement caractérisée par la suspension souvent partielle, parfois absolue, de tout mouvement du cœur..... et par une oblitération presque complète du sens moral..... Excusez, madame, cette physiologie.

— Continuez, docteur, — dit la grande dame, triste et pensive, — continuez.

— Tels sont donc les symptômes généraux de l'épidémie; elle offre de plus cette singularité, qu'elle s'attaque indistinctement à toutes les classes de la société, des plus infimes aux plus élevées. Ainsi, madame, l'on concevrait qu'un pauvre diable, sans sou ni maille, fût naturellement prédisposé à la fièvre de l'or par la misère; mais point: l'aisance, la richesse, le rang, ne sauvegardent aucunement de la contagion; ce que l'on possède n'est rien auprès de ce que l'on ambitionne de posséder; c'est une frénésie, un délire.

— Mais ce Paris est donc devenu un enfer! — s'écrie la duchesse douairière. — On vous appelle le *Diable médecin*, c'est justice: vous exercez votre profession dans un centre infernal.

— Pauvre femme des anciens temps! — pensait le docteur Max appitoyé. — Tâchons de la préparer à des révélations qui, trop brusques, lui seraient fatales. — Et tout haut il ajoute :

— Que vous dirai-je? Je connais, vous connaissez, madame, un grand seigneur, un très grand seigneur... possédant environ cent mille livres de rentes en biens fonds; l'épidémie le gagne, il vend ses terres patrimoniales, l'hôtel de ses pères, réalise des capitaux considérables, les place dans les chemins de fer, dans les usines, dans l'exploitation du tabac, dans des industries étranges; car, à Paris, tout s'exploite, tout! jusqu'aux boues de la cité!... Mais de nos jours l'on pratique l'adage antique : — « L'argent ne sent » point mauvais! »

— Vertu de ma vie! — s'écrie la duchesse douairière, — je...

Puis se contenant, elle reprend d'une voix calme et ferme :

— Docteur, pas d'ambages; parlez net, je saurai tout entendre. Merci Dieu! les années n'ont point affaibli la trempe de mon caractère. J'ai le droit d'exiger de votre vieille amitié une franchise absolue. Ce grand seigneur qui vend du tabac et trafique des boues de Paris... c'est mon fils ?

— Que voulez-vous? madame, l'épidémie...

— La plaisanterie est cruelle, monsieur.

— Madame la duchesse, moins à cette heure que jamais je ne me permettrais d'oublier le profond respect qui vous est dû, — répond le docteur Max d'un ton pénétré. — Je comprends ce que vous devez souffrir. Je comprends combien... à votre point de vue..... votre fierté patricienne doit être froissée, blessée, de ce que monsieur de Sénancourt déroge ainsi à la noblesse de sa race. Peut-être vous rendrai je, madame, cette blessure moins douloureuse en vous affirmant que monsieur le duc de Sénancourt, atteint fatalement, presque malgré lui, par cette fièvre d'enrichissement qui fait tant de victimes, est plus malade que coupable. Si fondés que soient vos griefs envers lui, il est, croyez-en, madame, ma vieille expérience, il est encore et sera toujours foncièrement honnête homme!

— Je ne sais si mon fils est encore honnête homme, mais je sais qu'il n'est plus gentilhomme! — Et s'interrompant à la vue d'un personnage paraissant dans le salon, la grande dame ajoute, désignant au docteur Max le nouveau venu : — Qu'est-ce que c'est que cet homme qui se permet d'entrer ici sans être annoncé?

VIII

Cet *homme* qui se permettait d'entrer familièrement dans le salon de monsieur de Sénancourt sans se faire annoncer était monsieur Coquard, industriel véreux, l'un de ces spéculateurs hasardeux côtoyant toujours les confins extrêmes du code criminel. Monsieur Coquard a quarante ans; sa laideur est repoussante, sa physionomie basse et rusée ; ses petits yeux fins, perçans, étincellent sous les verres de ses besicles d'or ; il est vêtu avec une recherche de mauvais goût, porte à sa chemise de gros boutons de diamans, des bagues à tous les doigts ; il garde son chapeau sur sa tête, malgré la présence de la duchesse de Sénancourt. Celle-ci, à la vue de ce personnage manquant si grossièrement aux plus simples lois de la politesse, interroge avec une sorte de stupeur le docteur Max du regard.

— Malheureusement, madame,—répond à demi-voix le médecin, — l'un des plus fâcheux caractères de l'épidémie régnante est de jeter une telle perturbation dans le sens moral de beaucoup d'hommes de bien, que leur délicatesse native ne s'offense plus de leur contact avec des gens tarés, ignobles, qu'ils acceptent pour complices de leur convoitise.

— Ainsi, docteur, cette espèce-là...

— Cette espèce-là, madame, est monsieur Coquard, homme d'une réputation suspecte, lancé dans les grandes affaires, l'un des collaborateurs de monsieur de Sénancourt, qui, je le crains, est dupe de ce fripon.

— Un pareil manant entrer ici son chapeau sur la tête! — murmure la grande dame au moment où monsieur Coquard, à qui la physionomie altière de la duchesse, qu'il ne connaît pas, impose malgré lui, se découvre enfin et s'arrête interdit à quelques pas de la porte ; mais, revenant bientôt à son impudence naturelle, il s'avance résolûment vers la duchesse et le docteur, disant à ce dernier :

— Bonjour, docteur! Je suis entré sans être annoncé ; je croyais rencontrer ici ce cher duc!

— Ce cher duc! — répète à part soi la grande dame suffoquée, — ce cher duc!

— Nous agissons, lui et moi, sans façon, — reprend monsieur Coquard en s'asseyant carrément dans un fauteuil. — Je vais l'attendre.

— Puisqu'on agit ici sans façon, docteur, — dit la duchesse douairière, — faites-moi donc le plaisir de dire sans façon... à ce monsieur... de s'en aller et de nous laisser tranquilles.

— Qu'est-ce que c'est? — s'écrie effrontément monsieur Coquard toujours assis. — Comment, madame, vous...

— Je parle de vous et ne vous parle point! — répond la grande dame en toisant monsieur Coquard par-dessus son épaule avec un souverain mépris. Et, s'adressant au docteur Max, — Faites, je vous prie, sortir cet homme.

— Morbleu! madame! — s'écrie monsieur Coquard, — je trouve singulier que...

— Monsieur Coquard, pas d'impertinences! — dit durement le docteur Max. — Vous avez l'honneur de parler à madame la duchesse douairière de Sénancourt.

— Que m'importe, à moi! Est-ce que vous croyez que je me laisserai mettre insolemment à la porte?

— Finissons! — dit la grande dame avec impatience. — Docteur, un coup de sonnette, et les gens de mon fils jetteront dehors ce malotru.

— Me jeter dehors, moi! — s'écrie monsieur Coquard furieux, — vous auriez le toupet de... Allons donc, vieille folle!

Cette altercation est interrompue par l'arrivée de monsieur le duc de Sénancourt. Il a soixante ans; sa figure est noble et belle. N'ayant pas entendu les dernières paroles de monsieur Coquard, dont il remarque à peine la présence, le duc se dirige avec empressement vers sa mère; il fait un mouvement pour lui prendre la main, afin de la porter à ses lèvres; mais la duchesse douairière, pâle, fière, courroucée, se recule. Monsieur de Sénancourt la regarde avec une surprise pénible.

— Monsieur, — dit froidement la grande dame, — nous ne sommes pas seuls ici.

— Vous permettez, docteur? — reprend monsieur de Sénancourt; et apercevant monsieur Coquard, — Ah! bonjour, mon cher! Veuillez aller m'attendre dans mon cabinet; ma mère désire rester seule avec moi.

— Alors profitez de l'occasion pour lui dire, à votre mère, mon cher duc, qu'elle est diantrement malhonnête, — répond monsieur Coquard avec une colère contenue, et il ajoute en souriant méchamment: — J'ai du nouveau à vous apprendre... je vais vous attendre, mais dépêchez-vous.

Et l'impudent personnage sort en fermant bruyamment la porte derrière lui.

— D'où peut venir la co'ère de Coquard ? — se demande monsieur de Sénancourt de plus en plus surpris. — Que s'est-il donc passé entre ma mère et lui ?

Le docteur Max, prenant congé de la duchesse douairière :

— N'oubliez pas, madame, mon ordonnance : une infusion de feuilles d'oranger, quelques gouttes d'éther, et retournez le plus tôt possible en Anjou. Tâchez surtout, — ajoute-t-il tout bas, — de décider monsieur de Sénancourt à renoncer aux affaires et à vous accompagner dans vos terres. Il est pour lui plus que temps de quitter Paris! — Et s'adressant au duc, qui se rapproche de sa mère avec embarras, — La santé de madame votre mère n'offre rien d'alarmant, monsieur; mais il serait opportun qu'elle ne prolongeât point son séjour ici.

Le docteur Max salue monsieur de Sénancourt et le laisse seul avec sa mère.

IX

La duchesse douairière, après le départ du docteur Max, s'est assise; on lit sur son noble visage de douloureux ressentimens. Son fils lui dit avec un accent de profond respect et de chagrin :

— Ma mère, nous voici seuls ; permettez-moi de vous exprimer l'affliction où me jette votre accueil, si différent de celui que j'osais attendre. Daignerez-vous m'apprendre la cause d'une froideur dont je suis navré?

La grande dame a gardé pendant un moment le silence, sans tourner la tête vers son fils, puis enfin, attachant fixement sur lui ses yeux gris, étincelans de fierté courroucée, elle lui dit avec un accent de reproche amer :

— Monsieur, en 93, il y a plus de soixante ans de cela, j'étais veuve, j'avais dix-huit ans, vous veniez de naître ; je comparaissais pour la troisième fois devant le tribunal révolutionnaire, après avoir passé plusieurs mois en prison et souffert tout ce qu'une femme de ma sorte peut souffrir en prison ; pour la troisième fois, enfin, je jouais ma tête ; savez-vous pourquoi, monsieur ?

— Ma mère !...

— Je n'avais pas suivi en émigration ma famille, mes amis, parce qu'en bravant un danger de mort, j'espérais sauvegarder vos biens, monsieur. Je vous les ai conservés au péril de ma vie. Que sont-ils devenus ?

— Rassurez-vous, ma mère ; loin de dissiper ma fortune, je l'aurai bientôt plus que doublée. J'ai eu tort, peut-être, de ne pas vous instruire de la vente de mes propriétés. Mais j'étais loin de penser que ces menus détails d'affaires d'intérêt méritassent votre attention.

— Vous parlez d'or, monsieur, — répond la duchesse douairière, dont l'accent est de plus en plus sardonique.— En effet, je me mêle de ce qui ne me regarde point. Pardonnez cette indiscrète curiosité à mon grand âge. Les vieillards deviennent curieux comme des enfans.

— De grâce, ma mère...

— Vous aurez, dites-vous, bientôt doublé votre fortune ? Je m'incline devant votre arithmétique, et ne saurais qu'y applaudir ! Comment donc, monsieur ! vous avez par cupidité vendu l'antique hôtel où vous êtes né, où monsieur votre père est né! Vous avez vendu ces domaines où, pendant tant de générations, le nom que vous avez l'honneur de porter a été béni, vénéré! Vous reléguez au grenier le portrait des aïeux qui sont la gloire de votre maison! Vous le dites judicieusement, monsieur, ce sont là menus détails d'intérêt! ils ne méritent aucunement mon attention; mais enfin (excusez la liberté grande de ma question), mais enfin, ces bonnes grosses sommes que vous avez retirées de la vente de votre patrimoine héréditaire, vous les placez sans doute honnêtement au denier vingt, au denier trente, comme le bonhomme Harpagon? C'est mon plus doux espoir. Après tout, au lieu de vivre en grand seigneur neuf mois de l'année dans vos terres, et trois mois à Paris dans votre hôtel, vous vous livrez au négoce en général et à celui du tabac et de la boue de Paris en particulier : c'est fort bien, c'est surtout fort honorable assurément; mais du moins, monsieur, ramassez-vous beaucoup d'or dans cette fange-là?

— Votre sévérité est grande et doit être grande, ma mère. Vivant au fond de l'Anjou, vous êtes restée étrangère au mouvement prodigieux qui, en ce temps-ci, pousse indistinctement toutes les classes de la société dans la voie de l'industrie. Vous ignorez, ma mère, que, grâce au développement croissant de la richesse publique et des besoins qu'elle engendre, tout a renchéri dans une proportion inouïe. Aussi, les revenus de mes terres ne me permettant plus de vivre à Paris selon mon rang, j'ai dû complétement transformer les élémens de ma fortune. Et...

— Pardon, monsieur. Si mes souvenirs ne me trompent

point, lors de votre mariage vous possédiez votre terre de Mérinville en Dauphiné, votre terre de Châteauneuf en Berri; votre hôtel de la rue de Grenelle à Paris; madame votre femme vous avait apporté en dot sa forêt de Bourgueil : ces propriétés vous constituaient plus de cent mille livres de rentes.

— C'est vrai ; mais aujourd'hui un pareil revenu est insuffisant pour tenir à Paris un certain état de maison.

— Je ne suis qu'une pauvre veuve, je vis du blé de mes terres et du bois de mes futaies, ainsi qu'en vivait monsieur votre père; pourtant, j'aurai l'honneur de vous faire observer, monsieur, que j'ai toujours eu à Sénancourt une maison de vingt-cinq à trente personnes, une douzaine de chevaux dans mes écuries, dix chambres de maître à offrir à mes amis, et une chère excellente ; de plus, je ne souffre point qu'il y ait un nécessiteux dans mes domaines; je fais des remises à mes fermiers lors des mauvaises années ; j'ai d'ordinaire deux mille louis de réserve dans ma cassette, et mon intendant, qui me vole nécessairement... évalue à quatre-vingt mille livres, bon an, mal an, les revenus de Sénancourt.

— Sans doute, en vivant dans mes terres huit à neuf mois de l'année, ma fortune patrimoniale m'eût, à la rigueur, suffi ; mais...

— Mais... la boue de Paris a tant de charme ! Ah çà ! monsieur, j'espère bien que mon petit-fils Tancrède, avec son prénom tout empanaché de chevalerie, héritera, en sa qualité d'hoir mâle, de votre fief de boueux ?

— Cette cruelle raillerie me...

— Savez-vous qu'il est fort heureux pour votre maison,

monsieur, que vous ayez un fils? car enfin, à défaut d'hoir mâle, ce beau fief que je dis tombait de lance en quenouille, et, du coup, ma petite-fille Valentine devenait boueuse.

— Ah! ma mère, pouvais-je prévoir que votre visite inattendue, et dont nous espérions tant de bonheur, dût amener une explication empreinte d'une pareille amertume?

— Permettez, monsieur le boueux...

— Vous êtes sans pitié.

— Il est, en effet, de mauvaise compagnie de se gratifier réciproquement de ses titres; j'aurai donc simplement l'honneur de vous dire, monsieur, quelle est la cause de ma venue, et, d'après ce que j'ai vu et entendu ici, j'ai grand' peur que mes craintes soient justifiées.

— Quelles craintes?

— Depuis que je vis dans mes terres, vous m'avez, monsieur, régulièrement écrit chaque mois ; vous vouliez bien m'informer de la santé de madame votre femme et de la vôtre; vos enfans vous donnaient, ajoutiez-vous, toute la satisfaction désirable ; vous borniez là votre correspondance, j'ignorais donc complétement la vente de vos domaines et vos glorieux trafics. Cependant certaines circonstances ont éveillé mon inquiétude. Hélas! depuis que cet abominable chemin de fer a coupé en deux mon beau parc de Sénancourt, je sais de reste qu'en ces temps-ci l'on n'est plus maître chez soi, ni certain d'y mourir en paix. J'ai donc été presque alarmée d'apprendre, il y a peu de jours, par l'un de mes régisseurs, que des étrangers, munis de chaînettes d'arpenteurs, étaient venus instrumenter dans les environs de la ferme de Mareuil, qui touche au château. Mon régisseur a demandé à ces gens-là ce qu'ils faisaient. A quoi ils ont répondu « qu'ils arpentaient par ordre de monsieur le duc de Sénancourt ; » l'un d'eux a même, je crois, parlé de machine à vapeur... Or, j'ai l'infirmité de ressentir une horreur invincible à l'endroit de ces affreuses machines, dont le sifflement m'exaspère lorsqu'elles traversent mon parc. J'ai donc résolu de venir sur-le-champ à Paris vous demander, monsieur, de quel droit vous envoyez des arpenteurs instrumenter sur mes terres, et ce qu'ils voulaient dire avec leur machine à vapeur ?

— Les personnes envoyées par moi à Sénancourt étaient chargées d'étudier la nature du sol de la ferme de Mareuil, et de le mesurer.

— Dans quel but, monsieur ?

— Au risque de m'exposer de nouveau, ma mère, à vos sarcasmes, je vous dirai franchement qu'il y a une excellente spéculation à faire en établissant à Sénancourt une fabrique...

— Plaît-il ? — reprend la grande dame abasourdie ; — que dites-vous ?

— Je parle de l'établissement d'une fabrique de sucre de betterave ou de...

— Est-ce que je rêve ? — se dit la duchesse douairière Quoi !... il oserait...

— Pardon, ma mère, mais cette fabrique...

— Vertu de ma vie ! Vous êtes un...

Mais, s'interrompant et se contenant, la grande dame ajoute :

— Au fait, monsieur, continuez, continuez, je suis curieuse de vous entendre.

— Si vous m'aviez fait la grâce de m'écouter sans vous fâcher, ma mère, vous eussiez bientôt reconnu que l'entreprise que j'ai en vue offre de grands avantages dont, ai-je besoin de l'ajouter ? vous profiterez comme moi.

— Ah ! monsieur,—dit la duchesse douairière, feignant une reconnaissance ironique, — que de bontés ! Vous êtes vraiment trop magnifique !

— Permettez... Si étrangère, si hostile que vous soyez aux spéculations industrielles, celle dont il est question méritera, j'en suis certain, votre indulgence ; je dirai plus, votre approbation.

— C'est indubitable.

—Voici donc, ma mère, quel est mon projet en établissant cette usine sur le territoire de la ferme de Mareuil, dont le sol excellent est particulièrement propre à la culture des racines : on fabriquera du sucre de betterave lorsque les vins seront à bon marché ; mais s'ils renchérissent, ainsi que cela arrive fréquemment depuis la maladie de la vigne, que ferons-nous ? Eh ! mon Dieu, nous remplacerons la fabrication du sucre par celle de l'alcool.

Il est impossible de rendre l'expression de la figure, puis de l'accent de la grande dame, lorsqu'après avoir, bouche béante, écouté son fils, elle répéta :

— De l'al...co...ol ?

— En d'autres termes, ma mère,—reprend monsieur de Sénancourt,—nous fabriquerons de l'eau-de-vie de betterave ; de sorte que nos terres, cultivées de cette façon et non plus en céréales, rapporteront huit à dix pour cent, au lieu de deux et demi tout au plus ; or, vous l'avouerez, ma mère, c'est une opération superbe.

— Superbe !... superbe !

—Enfin... et je vous en conjure, ne voyez pas dans mes paroles la revendication d'un droit... rien n'est plus éloigné de ma pensée, ma mère ; j'expose simplement un fait.

— Voyons le fait ?

— Je veux dire que votre position d'usufruitière de Sénancourt ne saurait être un obstacle à l'établissement de cette fabrique, puisque, loin d'amoindrir les revenus de la ferme de Mareuil, cette fabrique les triple, et qu'en partageant avec moi cette plus-value, vous aurez encore un bénéfice considérable.

— Avez-vous tout dit ?

— Oui, ma mère.

— Si je comprends bien, monsieur, ce que vous me faites l'honneur de me communiquer, votre louable ambition n'est point encore satisfaite ; il ne vous suffit point de trafiquer des boues de Paris ni de vendre du tabac : vous aspirez à débiter du sucre et de l'eau-de-vie, environ comme un épicier ?

— Ma mère...

— Sans compter que votre boutique serait établie à Sénancourt, en vue du château où l'un de vos ancêtres eut pendant huit jours pour hôte le roi Louis XIV !

— Permettez, je...

— Ce duc de Sénancourt-là, monsieur, dont voici le portrait... — ajoute la douairière en se retournant vers les boiseries du salon ; mais, remarquant l'absence du tableau, elle ajoute : — Bon ! comme il était aussi *trop grand*, celui-là, il est sans doute allé rejoindre au au grenier le maréchal Tancrède ! Enfin, ce duc de Sénancourt-là, monsieur, était, ainsi que vous, ambitieux, mais, permettez-moi d'ajouter, ambitieux d'une autre sorte. Non content d'avoir, en sa qualité de lieutenant général des armées royales, versé son sang dans dix batailles et mérité d'être surnommé *le bras droit* de monsieur de Turenne; ce duc de Sénancourt-là, monsieur, homme d'Etat autant que capitaine, brigua et obtint l'honneur de représenter la France auprès de Sa Majesté Très Catholique, et fut ambassadeur du roi Louis XIV en Espagne, d'où il rapporta le collier de la Toison-d'Or pour lui et la grandesse pour sa maison, car je prendrai la liberté de vous rappeler, monsieur, que vous êtes grand d'Espagne. Donc, à ce titre, je reconnais avec une inexprimable satisfaction, que dans votre famille l'on ne déroge point, chacun à sa façon, s'entend ! car, non content de noblement servir la France comme boueux, vous vendez du tabac à vos concitoyens ! Ce n'est pas assez : enflammé par l'exemple de vos aïeux, vous éprouvez le désir, si naturel à un Sénancourt, de débiter aux chalands du sucre et du rogomme !

— Il m'est pénible, ma mère, de vous entendre me reprocher...

— Des reproches, à vous? Dieu m'en garde, monsieur! N'êtes-vous pas le meilleur des fils? ne poussez-vous point la générosité jusqu'à m'associer à votre délectable trafic, afin de me faire embourser quelque petit profit? Mais j'y songe : si vous ouvrez boutique à Sénancourt, m'est avis que vos armoiries, surmontées de votre couronne ducale, figureraient très joliment en manière d'enseigne. Et comme je tiens à gagner la gratification dont vous m'honorez, monsieur, je m'établirais au comptoir, où je débiterais des verres d'eau-de-vie à mes paysans. Il y aurait foule, les jours de marché surtout. La duchesse douairière de Sénancourt versant la goutte aux chalands ! Rien que pour cela l'on viendrait de dix lieues à la ronde. La consommation s'en augmenterait d'autant. Voilà encore une bien belle spéculation ! Est-ce que vous n'y auriez point pensé, monsieur?

— Ma mère, permettez-moi de vous le répéter, vous jugez, vous devez juger les choses au point de vue du passé; je les juge au point de vue du présent, et...

— Ecoutez bien ceci, monsieur, — reprend la grande dame d'une voix brève et avec une expression qui révélait l'indomptable résolution de son caractère : — Si jamais... entendez-vous ?... si jamais vous poussiez l'oubli du respect que vous me devez à ce point d'oser donner suite à cette imagination d'établir votre fabrique sur mes terres (que ce soit ou non votre droit, je m'en soucie peu), je donnerais ordre à mes gens de recevoir d'une si rude façon les personnes que vous enverriez procéder à ce bel établissement, qu'elles n'y reviendraient plus, je vous en donne ma parole d'honnête femme !

— J'ose espérer, ma mère, que vous n'aurez jamais recours à de pareils expédiens. De grâce ! veuillez vous rappeler à quels dangers vous auriez exposé non-seulement vos gens, mais vous-même, si vous aviez persisté, lors du tracé du chemin de fer dans votre parc, à vouloir employer inutilement la violence pour vous soustraire à une obligation légale.

— J'ai faibli une fois, je ne faiblirai pas celle-ci, et, vertu de ma vie ! s'il le faut, l'on verra la duchesse douairière de Sénancourt, à l'âge de soixante-dix-huit ans, s'en aller en prison pour avoir voulu s'opposer à une indignité de son fils.

— Je connais, ma mère, l'inflexible fermeté de votre caractère, mais, j'en suis certain, vous aurez égard à ma position. La voici : croyant pouvoir user d'un droit, et surtout persuadé que l'établissement de cette fabrique, en dehors du château, ne pouvait en quoi que ce fût vous être désagréable, j'ai conclu cette affaire avec plusieurs associés, donné ma parole, ma signature ; je me trouverais dans un embarras inextricable s'il me fallait renoncer à cette entreprise, et je suis résolu à n'y pas renoncer.

A ces mots de son fils, la duchesse douairière tressaille et garde un moment le silence.

La grande dame, entendant monsieur de Sénancourt lui signifier sa résolution d'établir une fabrique dans le voisinage du château, se sent douloureusement atteinte, non plus dans sa fierté, mais au cœur. Elle contient son émotion, et reprend en souriant avec amertume :

— Je ne crois pas un mot de ce que vous me dites là, monsieur.

— Ma mère, je vous jure... que...

— Encore une fois, monsieur, vous vous moquez. Vous prétendriez me faire croire que, sachant ma résolution de passer à Sénancourt le peu de jours qui me restent à vivre, et de mourir en paix dans mes terres, vous n'avez pu attendre du moins l'heure prochaine de ma mort pour établir chez moi votre fabrique ?... Non, monsieur, non, je ne veux pas croire, je ne croirai jamais que vous vous soyez froidement posé cette alternative : « Ou ma vieille » mère subira, quoiqu'elle s'en révolte, le voisinage de » mes fabriques, ou bien... elle s'en ira mourir ailleurs... » loin des lieux qui lui sont chers à tant de titres ! » Allons donc, monsieur ! vous avez le cœur desséché par la soif du gain, j'y consens ; vous faites litière des illustres souvenirs, des glorieux exemples de votre maison, je l'avoue encore ; vous vous livrez par convoitise à d'ignobles négoces, je le reconnais ; mais enfin, monsieur, vous n'êtes point un monstre d'égoïsme ; vous avez conservé au fond de l'âme quelque respect filial...

— Je vous le répète, ma mère, — dit monsieur de Sénancourt d'abord péniblement affecté, puis cédant à un mouvement d'impatience involontaire, — j'ai donné ma signature pour cette affaire. Dieu m'est témoin que j'aurais agi autrement si j'avais pu prévoir la répugnance véritablement inconcevable que vous cause le voisinage de cette usine ; mais le fait est accompli ; il m'en coûterait, pour rompre ce contrat, des dommages-intérêts considérables ; je ne peux cependant pas me ruiner pour satisfaire, permettez-moi de vous le dire, de vains préjugés.

— Ainsi, — reprend la grande dame indignée, — ainsi l'honneur, la vénération filiale sont à vos yeux des préjugés ?

— Hé ! ma mère, je suis de mon siècle ! Nous ne sommes plus au temps où l'on regardait un gentilhomme comme déshonoré parce qu'il se livrait au commerce !

— Monsieur, ce qui déshonore un gentilhomme, ce n'est

pas le commerce, c'est la cupidité honteuse dont vous êtes possédé! Qu'un homme sans naissance, sans patrimoine, trafique afin de s'enrichir, il fait bien, et s'il se conduit honnêtement, je l'estime.

— Je tiens par-dessus tout à votre estime, ma mère; je ne crois pas en être indigne...

— Mon estime à vous qui, non content d'un patrimoine héréditaire considérable, plus que suffisant à vivre en grand seigneur, ne songez qu'à assouvir une insatiable avidité! Mon estime à vous qui à cette convoitise sacrifiez le pieux respect de la maison paternelle, la mémoire des aïeux, la dignité de votre nom, le repos de mes derniers jours, l'avenir de vos enfans, car rien de moins stable que ces folles spéculations qui m'inspirent autant d'aversion que de crainte!...

— Vous parlez de mes enfans. Mon Dieu, ma mère, si je m'étais borné à jouir de ma fortune héréditaire, sans songer à l'augmenter, comment aurais-je pu doter Tancrède et Valentine? Que leur aurais-je donné à chacun en mariage? Vingt ou vingt-cinq mille livres de rentes tout au plus! Est-ce que l'on peut, de nos jours, moyennant une pareille dot, marier convenablement ses enfans?

— Qu'entends-je! Ah! le docteur Max disait vrai, c'est du vertige, c'est de la démence! Valentine et Tancrède de Sénancourt, jeunes, charmans, remplis de qualités, portant l'un des plus beaux noms de France, et dotés de vingt-cinq mille livres de rente, ne point trouver à se marier convenablement! Vertu de ma vie! mais qu'est-ce donc que ces abominables mœurs-là? Ce n'est pas la fièvre de la convoitise qui vous dévore : fièvre est trop noble; c'est la lèpre, c'est la gale, c'est l'ignoble dans le hideux! et je préfère l'horrible à l'ignoble, le tigre au crapaud! Dieu me le pardonne, c'était affreux, mais grand, 93! J'abhorrais Robespierre ; je ne pouvais pas le mépriser. Il coupait les têtes, non les bourses, et restait pauvre, incorruptible. Si les jacobins nous massacraient, monsieur, ils couraient pieds nus à la frontière, combattre, mourir en héros, en enragés, non pour s'enrichir, mais pour le triomphe d'une idée, leur infernale république! Ah! monsieur, monsieur! j'ai bravé ces terribles jours pour sauvegarder votre héritage, et, à la pensée que ma mort vous laisserait orphelin, souvent mon cœur a tressailli d'angoisse, a frémi d'épouvante, mais jamais, non jamais il ne s'est alors, comme en vous entendant, soulevé de mépris et de dégoût!

Monsieur de Sénancourt reste atterré par ces foudroyantes paroles, inspirées à sa mère par le vertige industriel qui précéda 1848. Soudain, le duc prête l'oreille au dehors, où l'on entend le bruit d'une vive altercation. Presque aussitôt la porte s'ouvre violemment devant un nouveau personnage contre lequel un valet de chambre se débat vainement afin de lui barrer le passage.

X

Ce nouveau venu qui pénétrait ainsi violemment chez monsieur le duc de Sénancourt se nommait monsieur Loubin, homme d'un âge mûr, très convenablement vêtu, et de qui la figure, en apparence franche et ouverte, témoignait alors d'une grande irritation. Les derniers ressentimens de la duchesse cèdent à la surprise causée par ce tapage, si choquant pour la grande dame, habituée à voir régner autour d'elle l'ordre, le calme et une respectueuse déférence. Son fils fait vivement quelques pas vers M. Loubin, et s'adressant au valet de chambre :

— Quel est ce bruit ?

— Ce monsieur a voulu entrer malgré moi, — répond le domestique ; — pourtant je lui ai dit que monsieur le duc n'était pas visible.

— Monsieur, — reprend avec hauteur monsieur de Sénancourt, faisant un pas vers monsieur Loubin, — il est inconcevable que vous vous permettiez de forcer ainsi ma porte ! Qui êtes-vous ? Que voulez-vous ?

— Qui je suis ? — répond le nouveau venu avec un courroux croissant, — je suis Loubin ! et pour mon malheur, actionnaire de vos fichus tabacs de Constantine ! Ce que je veux ?... Mon argent !

— Votre argent ? — reprend monsieur de Sénancourt très surpris. — Qu'est-ce à dire, monsieur ?

— Comment ! qu'est-ce à dire ? — s'écrie monsieur Loubin. — Ah çà ! parce que vous et votre monsieur Coquard vous m'avez tout l'air de deux Robert Macaire, vous me prenez peut-être pour un Gogo ?...

— Monsieur, — dit vivement le duc de Sénancourt désolé de voir sa mère témoin de ce nouvel incident, — oubliez-vous devant qui vous parlez ?

— Ne croyez pas m'imposer avec votre titre, monsieur ! — réplique monsieur Loubin ; — tout duc que vous soyez, vous êtes responsable des faits et gestes de la société dont vous êtes le président. Je suis un honnête père de famille ;

moi; ce titre en vaut bien un autre, entendez-vous cela, monsieur le duc ?

— Monsieur !

— Plein de confiance dans votre honorabilité, j'ai placé dans vos tabacs mes économies, fruits de mon travail, qui devaient être la dot de mes enfans. Et voilà que le bruit se répand que cette affaire, où je me suis engagé sur la foi de votre nom, pourrait bien n'être qu'une indigne friponnerie, et qu'en ce cas nous serions volés.

La duchesse douairière a écouté cet entretien avec une stupeur douloureuse. Aux derniers mots de l'actionnaire, qui accuse monsieur de Sénancourt de complicité dans une indigne friponnerie, la grande dame frémit, porte ses deux mains à son visage, puis, pâle et presque éperdue, elle se dirige rapidement vers la porte.

— Ma mère ! — s'écrie avec angoisse monsieur de Sénancourt, en allant vers la duchesse, — de grâce ! écoutez-moi ! ne croyez pas...

La duchesse douairière se retourne indignée, menaçante ; d'un geste écrasant elle défend à son fils de la suivre. Et monsieur de Sénancourt, profondément affligé, demeure seul avec l'actionnaire des tabacs de Constantine.

XI

Monsieur Loubin, après avoir silencieusement et attentivement observé la duchesse douairière et son fils, sourit ; la feinte indignation dont son visage était animé fait place à une expression de sournoise astuce, et il se dit

— Ah ! la mère est ici ?... Tant mieux ! ça me chausse !

Et reprenant son masque d'honnête homme indigné, monsieur Loubin ajoute tout haut, s'adressant à monsieur de Sénancourt encore sous le coup de ses pénibles impressions :

— Monsieur, il faut sur l'heure...

— Sortez ! — s'écrie le duc de Sénancourt exaspéré, — sortez, monsieur ! Si vous avez des réclamations à faire, adressez-les au conseil d'administration ; lors de sa première assemblée, il vous répondra.

— Il sera bien temps, alors ! — réplique monsieur Loubin. — Je vous le répète, monsieur, le bruit se répand que votre société des tabacs de Constantine, fondée au capital de deux millions, ne représente pas une valeur de cent mille francs. Donc, je viens ici, au nom de la majorité des actionnaires et en qualité de leur fondé de pouvoir, afin de m'assurer de l'état des choses. On parle de documens officiels envoyés d'Algérie qui seraient désastreux pour nous. Je n'ai pas encore eu connaissance de ces renseignemens, mais notre alarme est grande ! Nous avons, sur la foi de votre nom, que nous devions croire des plus honorables, placé nos capitaux dans votre entreprise ; or, je vous le déclare, monsieur, nous ne nous laisserons pas plumer vifs sans crier !

— Hé ! monsieur, est-ce ma faute à moi si vous ajoutez créance à des bruits absurdes ? Est-ce que je n'ai pas moi-même placé des fonds considérables dans cette entreprise ? Je la croyais donc, je la crois donc excellente.

— D'accord, monsieur le duc, — répond monsieur Loubin, semblant peu à peu s'apaiser ; — mais enfin, ces bruits alarmans ont pris une telle consistance, qu'il vous importe autant qu'à nous de prouver qu'ils sont dénués de fondement.

Le valet de chambre, revenant dans le salon, dit à son maître :

— Monsieur Louis Morel demande à parler à monsieur le duc.

— Priez-le d'entrer, — répond monsieur de Sénancourt. Et, s'adressant à monsieur Loubin :

— Monsieur, veuillez revenir ici, ce soir, à cinq heures; je suis certain de vous démontrer alors, jusqu'à la complète évidence, que les bruits auxquels vous avez ajouté foi avec une incroyable légèreté, sont aussi calomnieux qu'absurdes.

— A ce soir donc, monsieur le duc, — reprend monsieur Loubin avec une apparente bonhomie. — Vous comprenez que je ne demande qu'à croire à la solvabilité de l'entreprise, moi ; et, si elle m'est clairement démontrée ainsi que vous me le faites espérer, je m'empresserai de retirer les expressions dont votre susceptibilité a dû, monsieur, s'offenser. Mais vous ferez la part de mon anxiété en présence de bruits d'une nature si inquiétante. Je suis un honnête père de famille; j'ai placé dans cette affaire la dot de mes enfans, et je...

— Monsieur, avant de vous rendre l'écho de ces rumeurs alarmantes, vous auriez dû attendre des explications, des preuves, qui, je le répète, vous rassureront complétement.

— Donc, monsieur le duc, — reprend monsieur Loubin en s'inclinant, — j'aurai l'honneur de revenir tantôt?

— C'est entendu, monsieur.

A ce moment, monsieur Louis Morel est introduit par le valet de chambre.

— Diable ! — se dit monsieur Loubin en se dirigeant vers la porte, — pourvu que ce crétin de duc ne demande pas conseil à ce monsieur Morel ! c'est un homme riche, intègre, mais fort habile en affaires, il pourrait tout gâter. Heureusement, — ajoute Loubin en sortant. — Coquard est là... il est bon là ! et le reste le regarde.

XII

Monsieur Louis Morel, alors âgé d'environ vingt-six ans, l'un des élèves les plus remarquables de l'école polytechnique, avait d'abord embrassé la carrière d'ingénieur des mines, puis renoncé à cette position officielle, afin de se livrer exclusivement à l'exploitation d'une grande découverte scientifique, due à son génie, et applicable à l'industrie. Monsieur Louis Morel, doué d'un extérieur aussi attrayant que distingué, joignait aux plus nobles qualités du cœur un esprit éminent et un caractère d'une rare élévation. Ce jeune homme éprouvait en ce moment une émotion profonde en songeant que le bonheur de sa vie et de celle de sa sœur dépendait de son prochain entretien avec monsieur de Sénancourt, auquel il venait adresser une double demande de mariage.

Le duc, d'abord aussi surpris qu'affecté des réclamations imprévues de monsieur Loubin, se rassura peu à peu, confiant dans sa loyauté, dans sa conviction de l'excellence et de l'honorabilité de l'entreprise des *Tabacs de Constantine*; il considéra les bruits rapportés par l'actionnaire comme le résultat d'une manœuvre de spéculateur désireux de déprécier momentanément les actions de la société dont il était président, afin de les acheter *en baisse:* cependant, songeant à la fâcheuse impression qui devait rester contre lui dans l'esprit de sa mère, témoin des récriminations injurieuses de l'actionnaire, monsieur de Sénancourt, absorbé par cette pensée, accueillit Louis Morel avec une distraction involontaire, dont il eut bientôt conscience. Aussi lui tendant cordialement la main :

— Pardon, mon ami, mais vous le savez, je suis lancé dans un tel courant d'affaires... vous voudrez bien m'excuser, n'est-ce pas, d'avoir été si distrait ?

— Je suis à vos ordres, monsieur, — répond Louis Morel en s'inclinant avec déférence. — J'aurais à vous entretenir d'un objet important... Oserai-je vous prier de faire momentanément fermer votre porte, afin que nous ne soyons pas dérangés ?

— Certainement, mon ami, — dit monsieur de Sénancourt en agitant le cordon d'une sonnette. — Quelqu'un m'attend dans mon cabinet, mais je suis à votre disposition.

Et s'adressant au valet de chambre qui vient d'entrer :

— Priez monsieur Coquard de vouloir bien m'attendre encore pendant quelques instans dans mon cabinet.

— Oui, monsieur le duc.

— Dites bien à la porte que je n'y suis pour personne, absolument pour personne.— Et se retournant vers Louis Morel,—Nous voici seuls, mon cher ami, de quoi s'agit-il

XIII

Louis Morel se recueillit pendant un moment et dit à monsieur de Sénancourt d'une voix grave et légèrement émue :

— Monsieur, depuis plus de deux ans j'ai l'honneur d'être en relation d'affaires avec vous. J'ai mérité votre confiance, j'oserai ajouter votre estime.

— Et mon amitié, ma bien vive amitié ! Vous êtes l'un des hommes que j'aime, que j'honore le plus, mon cher Morel.

— Ces paroles, monsieur, m'encouragent.

— Vous encouragent, à quoi ?

— A vous faire connaître l'objet de cet entretien. Permettez-moi, monsieur, de vous exposer en quelques mots ma situation. Mon père m'a légué, à défaut de fortune, un nom considéré.

— Monsieur André Morel était l'un des membres les pl éminens de l'Académie des sciences, et vous marchez, mo ami, dignement sur ses traces. Mais pourquoi évoquer ces souvenirs de famille ?

— Je vais, monsieur, vous l'apprendre. Mon père nous a laissés, ma sœur et moi, orphelins et pauvres.

— Votre conduite envers mademoiselle votre sœur a été admirable ! L'éducation que vous lui avez fait donner l'a rendue l'une des jeunes personnes les plus accomplies que je sache, et dernièrement encore, madame de Sénancourt citait à Valentine pour modèle votre charmante sœur

Louis Morel sourit et reprend :

— Encore un encouragement, monsieur.

— Que voulez-vous dire ?

— Permettez-moi d'achever en deux mots, monsieur. La découverte industrielle à l'exploitation de laquelle vous avez bien voulu associer votre fils m'a enrichi au delà de mes espérances. Je possède environ huit cent mille francs. Je destine la moitié de cette somme à la dot de ma sœur.

— Tenez, mon ami, — dit le duc de Sénancourt avec émotion et tendant la main à Louis Morel, — je ne devrais pas être surpris de ce que vous m'apprenez ; cette délicate générosité n'a rien d'étonnant pour qui vous connaît, vous apprécie. Pourtant, vous l'avouerai-je ? ce beau trait augmente encore, s'il est possible, mon attachement pour vous, ma profonde estime pour la noblesse de votre caractère.

— Ces paroles si flatteuses de votre part, monsieur, à vous dont la haute position...

— Ma position ? — reprend le duc de Sénancourt avec bonhomie. — ma position ? Hé ! mon Dieu ! elle est la vôtre. Ne suis-je point, comme vous, tout uniment un industriel ? Ah ! mon cher ami, pourquoi d'anciens, de déplorables préjugés sont-ils encore malheureusement si tenaces dans certains esprits ? Grâce à Dieu, je ne suis pas de ces esprits-là ; je marche avec mon siècle, et je m'en fais gloire ! Mais ma mère... ma mère !... Enfin, le croiriez-vous ? elle me reproche comme une honteuse dérogation à la dignité de ma naissance les spéculations que...
Mais, pardon, mon ami, revenons à notre entretien. Vous m'avez fait part de votre généreuse intention de doter vo-

tre sœur. Penseriez-vous à la marier prochainement?

— Oui, monsieur.

— Heureux entre les heureux sera celui qu'elle a choisi! Et ce choix... quel est-il?

— Le frère d'une jeune personne que j'aime depuis deux ans et à la main de qui j'ose prétendre.

— Un double mariage?... ce serait charmant! Ah! que de vœux je fais pour votre bonheur! Mais, j'y songe, vous venez peut-être me demander de témoigner tout le bien que je pense de vous et de mademoiselle votre sœur aux parens du jeune homme et de la jeune personne?

— Monsieur...

— J'ai deviné, n'est-ce pas? Eh bien! mon ami, je dirai simplement à la famille dans laquelle vous désirez d'entrer : Je voudrais avoir un gendre et une belle-fille aussi parfaitement doués que monsieur Louis Morel et sa sœur.

— Ah! monsieur! — s'écrie Louis Morel avec expansion, — je crois à peine ce que j'entends!

— Qu'avez-vous? Cette émotion... ce trouble...

— Ces paroles que vous venez de prononcer...

— Quelles paroles, mon ami?

— Oh! laissez-moi les répéter, — reprend Louis Morel ravi; — elles sont le gage du bonheur de ma sœur et du mien! N'avez-vous pas dit, monsieur : « Je voudrais avoir un gendre et une belle-fille aussi parfaitement doués que monsieur Louis Morel et sa sœur? »

— Sans doute, telle est ma pensée.

— Merci à vous! monsieur, — s'écrie Louis Morel avec un accent de reconnaissance ineffable; — merci à vous, monsieur! vous comblez mes vœux les plus chers!

— Comment ?

— Cette jeune personne que j'aime depuis deux ans, du plus profond, du plus respectueux amour, c'est... mademoiselle Valentine !

— Ma fille ! — reprend monsieur de Sénancourt stupéfait ; — ma fille !

— Elle a daigné m'autoriser à vous demander sa main.

— Valentine ?

— Oui, monsieur, elle partage le sentiment qu'elle m'inspire, ainsi que ma sœur partage l'affection qu'éprouve pour elle monsieur Tancrède.

— Quoi ! — dit le duc de Sénancourt abasourdi, — Tancrède... lui aussi ?

— Ce matin, il est venu chez moi me demander la main de ma sœur, et m'apprendre que mademoiselle de Sénancourt m'engageait à tenter la démarche que j'ai l'honneur de faire près de vous, monsieur, et que vous avez accueillie d'avance avec autant de bonté que d'indulgence, en me répondant ces mots, qui font bondir mon cœur de joie. Ah ! ils sont pour moi la plus douce récompense de mes travaux, de mes constans efforts à porter dignement le nom de mon père, à me conduire en homme de bien ! Ne m'avez-vous pas dit : « Je voudrais avoir » un gendre et une belle-fille aussi parfaitement doués » que vous et votre sœur, monsieur Louis Morel ? » Monsieur, excusez, de grâce, ma profonde émotion... la parole manque à l'expression de certains sentimens.

Louis Morel a prononcé ces derniers mots d'une voix entrecoupée ; il porte la main à ses yeux humides de larmes, et garde pendant un moment le silence.

XIV

Monsieur le duc de Sénancourt avait écouté l'industriel avec une surprise croissante; et tombant des nues, il se demandait si monsieur Louis Morel perdait la raison. Lui prétendre à la main de mademoiselle de Sénancourt ! Admettre la possibilité d'un pareil mariage, c'était de la part de ce jeune homme le comble de la présomption ou de l'extravagance !

— Ah! nous vivons en de singuliers temps ! — se disait naïvement monsieur de Sénancourt, lorsque Louis Morel reprit d'une voix encore palpitante d'émotion :

— Pardon, monsieur, mais parfois, autant que le chagrin, le bonheur nous accable, et...

— Mon cher monsieur Morel, — dit le duc de Sénancourt d'un ton pénétré, — j'ai un million d'excuses à vous faire.

— A moi! monsieur?

— Je suis aux regrets d'avoir, par des paroles dont vous n'avez pas compris le sens exact, paru encourager, réaliser des espérances qu'il m'est pénible, croyez-le bien, — et il serre affectueusement la main du jeune homme, — qu'il m'est cruellement pénible de détruire.

— Qu'entends-je?

— Oh! certes, si je désirais marier mes enfans, je voudrais trouver dans mon gendre et dans ma belle-fille les rares mérites qui vous distinguent, ainsi que mademoiselle votre sœur; mais Tancrède et Valentine sont encore trop jeunes pour que je puisse songer à leur établissement.

Louis Morel, frappé au cœur par un refus que, pour tant de raisons, il prévoyait si peu, ne trouve pas un mot à répondre dans le premier étourdissement de sa douleur, et reste abattu par cette douloureuse déception.

Quant à monsieur de Sénancourt, excellent homme, malgré son orgueil de race, il s'apitoyait en toute sincérité sur l'affliction de Louis Morel, qu'il tenait réellement pour le plus galant homme du monde, et se disait :

— Pauvre garçon, je suis navré de lui causer ce chagrin; mais que répondre à une proposition exorbitante, inouïe? Heureusement mon refus est basé sur un prétexte plausible, et n'a rien de blessant. Mais comment Tancrède et Valentine, si bien nés, si bien élevés, ont-ils pu s'oublier à ce point d'autoriser les inconcevables prétentions de monsieur Morel et de sa sœur? En vérité, il faut vivre de nos jours pour assister à un pareil renversement des légitimes barrières qui, de tout temps, se sont élevées entre les diverses classes de la société! Il n'est donc plus de distinction, de rang et de naissance? Tout est donc confondu, bouleversé? Où allons-nous, je le demande, où allons-nous?

XV

Le désappointement de Louis Morel était si cruel; il lui semblait si affreux pour lui et pour sa sœur de renoncer à jamais à leurs plus chères espérances, qu'il reprit d'une voix altérée :

— Monsieur le duc, je fais appel à votre sincérité, certain qu'elle ne me fera pas défaut. Vous déclinez la demande que j'ai l'honneur de vous adresser parce que, dites-vous, mademoiselle Valentine et monsieur Tancrède sont trop jeunes pour se marier ?

— Assurément, mon cher monsieur Morel, et vous en conviendrez vous-même. Mon fils a vingt-deux ans à peine, ma fille dix-huit ans ; ce sont des enfans.

— Plus que personne, monsieur, je sais combien la volonté paternelle doit être vénérée, obéie. La trop grande jeunesse de mademoiselle Valentine et de M. Tancrède est, dites-vous, monsieur, le seul obstacle à leur mariage? En ce cas... ma sœur et moi, pleins de respect pour votre décision, pleins de foi dans la durée d'un sentiment inaltérable, pleins de confiance dans l'avenir, nous attendrons.

— Mon cher monsieur Morel, — répond M. de Sénancourt avec embarras, — vous avez fait appel à ma franchise: il est de mon devoir de vous parler en toute sincérité. Je vous ai dit en quelle haute estime je vous tenais, ainsi que mademoiselle votre sœur; mon refus ne doit donc en quoi que ce soit vous blesser. Fort de cette conviction, je vous déclare sans hésiter que le double mariage auquel vous avez bien voulu songer est et sera toujours impossible.

Louis Morel, déçu dans son vague et dernier espoir, tressaille et baisse la tête avec accablement. Monsieur de Sénancourt, ému de cette douleur muette, se disait :

— Ah! il faut du courage pour accomplir dignement les sévères devoirs du père de famille! — Et il reprend tout haut :

— Je ne saurais trop vous répéter, mon cher monsieur Morel, combien je suis désolé de ne pouvoir agréer votre offre, mais j'ai depuis longtemps d'autres vues pour l'établissement de mes enfans. Je vous crois galant homme, dans toute l'acception du mot ; je sais tout ce que l'on peut attendre de l'élévation et de la fermeté du caractère de mademoiselle votre sœur ; aussi, je n'en doute pas, ayant égard à la pénible nécessité où je suis de ne pas agréer vos offres, vous et mademoiselle Morel laisserez s'éteindre dans le cœur de mes enfans une affection naissante que la mobilité naturelle à la grande jeunesse leur fera bientôt oublier.

— Vous nous appréciez en cela, ma sœur et moi, comme nous méritons que vous le fassiez, monsieur, — répond noblement Louis Morel ; — il serait indigne à nous de ne pas renoncer loyalement, complétement à toute espérance.

Le jeune homme se disposait à s'éloigner après avoir salué monsieur de Sénancourt ; mais celui-ci, l'arrêtant par la main :

— Mon cher ami, vous ne me ferez pas l'injure de douter un moment que ce refus n'altère en rien ma profonde considération pour vous ?

— Je le crois facilement, monsieur, — reprend Louis Morel avec dignité, tandis que monsieur de Sénancourt, conservant toujours entre les siennes les mains du jeune homme :

— Il est aussi bien entendu que nos relations d'affaires continueront ?

— Il en sera selon que vous le désirerez, monsieur.

— Seulement, au lieu de vous donner la peine de venir

journellement chez moi, vous permettrez que j'aille chez vous?

— Je serai toujours à votre disposition, monsieur.

— Enfin, vous comprendrez, n'est-ce pas, qu'il ne serait plus convenable, que mon fils demeurât votre associé? Mademoiselle votre sœur habite votre maison, et...

— Vous prévenez ma pensée, monsieur; j'allais vous faire observer que mon association avec monsieur Tancrède n'était plus possible.

—Mais,—ajoute vivement monsieur de Sénancourt, qui, au milieu de ses préoccupations aristocratiques, n'oubliait aucunement ses intérêts industriels,— mais il est aussi entendu que je conserve toujours le placement de mes capitaux dans votre usine?... L'affaire est excellente!—ajoute naïvement le duc, puis se reprenant, — et je tiens surtout à ne rompre aucune de nos anciennes relations.

— Comme il vous plaira, monsieur.

Soudain la porte du salon s'ouvre, et monsieur Coquard entre brusquement en disant:

— Ma foi, mon cher duc, la patience a des bornes! je suis las de faire le pied de grue dans votre cabinet.

— Pardon, je causais d'intérêts importans avec monsieur Morel. — Et tendant affectueusement la main au jeune homme : — A demain ! J'irai vous trouver, mon cher ami.

Louis Morel ne prend pas la main du duc, le salue et s'éloigne, se disant avec amertume:

— Oh! l'orgueil de race! on l'oublie un moment lorsque l'intérêt, l'amour du gain, le commandent! Adieu nos illusions!... pauvre sœur!

XVI

Monsieur de Sénancourt, resté seul avec monsieur Coquard, a suivi Louis Morel du regard.

— Il n'a pas pris la main que je lui tendais; il est piqué, — pensait le duc; — mais il est trop galant homme pour rompre pécuniairement notre association. C'est mon meilleur placement : près de quatorze pour cent!

— Ah çà ! mon cher duc, — reprend Coquard, — peut-on enfin vous entretenir ?

— J'allais vous rejoindre, afin de causer avec vous d'une chose assez grave, du moins en apparence, je n'en doute pas. Savez-vous ce qui se passe à propos de notre affaire des tabacs ?

— Parbleu ! si je le sais, — se dit monsieur Coquard ; et il ajoute tout haut : — De quoi s'agit-il donc ?

— L'un des principaux intéressés dans notre compagnie, fondé de pouvoirs, m'a-t-il dit, de la majorité des actionnaires, est venu tantôt ici m'adresser des reproches inconcevables, prétendant que les bruits les plus fâcheux circulaient au sujet de notre entreprise. Cela, d'abord, m'a inquiété ; mais je me suis rassuré en réfléchissant qu'il s'agissait évidemment d'une manœuvre de bourse. Il n'en faut pas moins promptement couper court à ces soupçons ; ils peuvent moralement et matériellement porter un grave préjudice à mon nom et à nos intérêts.

— Ah ! — se disait à part soi monsieur Coquard, — ah ! monsieur le duc! ta mère a voulu me faire jeter à la porte !

et cela devant cet infernal docteur Max, qui connaît tout Paris et colportera mon humiliation ! Bon, bon ! je vais joindre aux fruits succulens du *chantage* les douceurs de la vengeance. Mon compère Loubin a tantôt préparé les voies... En avant !

Monsieur de Sénancourt, voyant monsieur Coquard demeurer silencieux et affecter les signes d'une agitation croissante, le regarde avec surprise et lui dit :

— Vous paraissez troublé ; qu'avez-vous ?

— Ce que j'ai ! — répond monsieur Coquard éclatant ; — Bézuchet est une affreuse canaille !

— Que voulez-vous dire ?

— Ah ! mon pauvre duc !

— Comment ?

— Nous avons été atrocement trompés ; j'en ai acquis ce matin la certitude ; voilà ce que je venais en hâte vous apprendre. — Et redoublant d'emportement : — Scélérat de Bézuchet !

— Qu'est-ce que cela signifie ?

— L'actionnaire de tantôt se plaignait à bon titre : nos tabacs de Constantine sont une flouerie, un vol manifeste !

Monsieur de Sénancourt, un moment muet d'ébahissement, s'écrie :

— Grand Dieu ! qu'entends-je !...

— Triple canaille de Bézuchet ! — reprend monsieur Coquard, — infâme floueur !

— Mais, monsieur, vous perdez la raison, — dit, après une minute de réflexion, monsieur de Sénancourt, ne pouvant, ne devant pas croire à cette révélation inattendue. — Vous oubliez donc ces renseignemens si précis, ces études, ces devis relatifs à la culture et à la mise en valeur des plantations? ces attestations signées de propriétaires honorables de l'Algérie affirmant que le produit de ces tabacs pouvait annuellement s'élever à cinq ou six cent mille francs? Enfin ce Bézuchet, votre ami, après plusieurs voyages sur les lieux mêmes, n'a-t-il pas soumis au conseil d'administration les rapports les plus satisfaisans sur l'état des choses ?

— Autant de mensonges, de fourberies, d'inventions de ce misérable Bézuchet! Il a abusé de ma candeur et de la vôtre, mon pauvre duc! Il paraît que des actionnaires méfians ont écrit au préfet d'Alger. Il a fait, dit-on, estimer la plantation par des experts ; elle ne peut rapporter par an que pour quatre ou cinq mille frans de tabac... exécrable !

— Est-il possible! — balbutie monsieur de Sénancourt en pâlissant ; — mais, monsieur, c'est horrible ce que vous m'apprenez là !

— C'est abominable ! et je ne sais comment s'est sitôt découvert le pot aux roses! Mais l'homme de tantôt, qui déjà, sur la voie de cette triste découverte, s'est présenté comme fondé de pouvoirs de la majorité des actionnaires, doit être un nommé Loubin. La totalité des actions, moins les vôtres, mon pauvre duc, car je lui ai vendu dernièrement les miennes, sont entre ses mains; il les a rachetées de tous côtés, croyant l'affaire excellente. Jugez de sa fureur lorsqu'il ne pourra plus douter qu'il est enfoncé!... Je le connais, c'est un homme intraitable; il est capable de déposer contre vous et contre moi une plainte en escroquerie!

— Une plainte en escroquerie contre moi! — s'écrie monsieur de Sénancourt avec épouvante; et chancelant, il tombe anéanti dans son fauteuil.

M. Coquard contemple sa dupe avec une joie sardonique, et se dit :

— Oui, mon beau duc, tu iras en police correctionnelle, à moins, comme je l'espère bien, qu'afin d'étouffer le scandale, tu ne t'exécutes; sinon, tu viendras avec moi sur les bancs de la sixième chambre, ni plus ni moins qu'un escroc, monsieur le duc! Peu m'importe à moi! je peux bien, au pis aller, risquer cet inconvénient, afin d'empocher pour ma part une centaine de mille francs sur les dommages-intérêts que tu seras condamné à payer aux actionnaires représentés par Loubin, si tu refuses de financer afin d'arrêter ses poursuites !

L'indignation, la colère, succèdent bientôt à l'accablement de monsieur de Sénancourt, et, hors de lui, il s'élance sur monsieur Coquard, le saisit au collet en s'écriant :

— Misérable!

— Monsieur, vous m'insultez? — répond monsieur Coquard, tâchant d'échapper à l'étreinte de monsieur de Sénancourt, qui, redevenu maître de lui-même, repousse ce fripon d'un geste de dédain et reprend accablé :

— C'est vous qui m'avez engagé dans cette indigne affaire!

— Est-ce que je ne suis pas aussi compromis que vous? En ma qualité de gérant, je suis, comme vous, menacé de poursuites correctionnelles... C'est du propre!

— Mais c'est affreux! — s'écrie monsieur de Sénancourt

avec une explosion de douleur déchirante.—Vous avez abusé de ma crédulité, de mon inexpérience des affaires et de ma confiance en vous ! Je suis un honnête homme ! vous le savez bien, monsieur ! J'ai pu céder à l'appât des énormes bénéfices que vous me faisiez entrevoir, mais ces bénéfices, je les croyais légitimes. Je croyais cette entreprise honorable, puisque je l'ai couverte de mon nom. Je prouverai ma bonne foi. L'on ne condamne pas un homme sans l'entendre, et les juges... les juges...—murmure monsieur de Sénancourt, écrasé de honte. — Moi, moi, paraître devant un tribunal comme un escroc !... Oh ! ma mère, mes enfans ! — ajoute le duc, ne pouvant contenir ses larmes. —Maudit soit le jour où la soif du gain m'a jeté dans l'industrie !

— Ce crétin de duc perd la tête, — se dit monsieur Coquard, contemplant sa dupe abîmée dans sa douleur; — il n'entend rien aux affaires; il sera mangé tout cru! Nous aurons chacun notre morceau. En avant les grands moyens!—Et il reprend tout haut en se frappant le front:

— Mon cher duc, une idée me vient, une idée qui peut vous sauver, vous et moi, d'une accusation ou d'une condamnation pour escroquerie !

— Que dites-vous ? — s'écrie monsieur de Sénancourt, tressaillant d'espoir. — Parlez ! parlez !

— Oui, c'est cela,—reprend monsieur Coquard, après un moment de réflexion. —Mon cher duc, nous sommes sauvés !

— Sauvés !... Comment ?

— Le moyen est infaillible ; mais il faut vous exécuter.

— M'exécuter ?

— Désintéresser les actionnaires représentés par cet odieux Loubin, et l'affaire est étouffée !

— De quelle façon les désintéresser ?

—Rien de plus simple : les actions ont été émises au capital de cinq cents francs; un premier versement de deux cents francs a été effectué, soit trois cent mille francs, chiffre rond pour les actions émises, sans compter les vôtres. Remboursez avant demain cette somme à ce happe-chair de Loubin : il ne déposera pas de plaintes contre nous !

— Mais cette somme est considérable; je ne la possède pas, et dans ce temps de crise commerciale il m'est impossible, quelle que soit ma fortune, de trouver à emprunter en vingt-quatre heures cent mille écus ! Je n'ai plus de propriétés ! Tous mes capitaux, sauf quarante mille francs déposés chez mon banquier, tous mes capitaux sont engagés dans l'industrie. J'ai vendu mes derniers coupons de chemins de fer afin de placer leur produit dans l'usine de monsieur Louis Morel. Je ne peux lui redemander mes fonds du jour au lendemain, et ils représentent à peine la moitié de la somme qu'il me faut. D'ailleurs, de cette somme, pourquoi ferais-je le sacrifice ? Allons donc ! je ne serai pas dupe à ce point ! J'ai ma conscience pour moi ! Est-ce que j'ai trempé en rien dans ces coquineries ? Est-ce que je n'ai pas cru sincèrement à la réalité, à la loyauté de l'entreprise ? Est-ce que je n'y ai pas placé moi-même des fonds ? J'ai été indignement abusé... soit ! j'ai agi légèrement, inconsidérément peut-être, en ne m'assurant pas par moi-même de l'exactitude des bases de l'opération, soit encore ; mais l'on ne condamne pas un honnête homme comme un escroc, parce que sa religion a été surprise, parce que son inaptitude aux affaires lui a fait commettre une légèreté. Non, non, je prouverai au tribunal que...

— Vous prouverez au tribunal tout ce que vous voudrez, ou tout ce que vous pourrez, mon cher duc, — reprend monsieur Coquard avec un sourire sardonique, — mais il vous faudra d'abord comparaître à la correctionnelle, sur le banc des filous, entre deux gendarmes, et tout Paris saura que monsieur le duc de Sénancourt est, sinon convaincu, du moins véhémentement soupçonné d'escroquerie, et fussiez-vous acquitté, mon pauvre duc...

— Malheur à moi ! — s'écrie monsieur de Sénancourt en frissonnant, — malheur à moi ! cet homme dit vrai : même acquitté, mon nom reste à jamais entaché.

L'entretien du duc et de son associé est interrompu par le valet de chambre. Celui-ci, s'adressant à son maître,

— Un monsieur qui a rendez-vous à cinq heures avec monsieur le duc demande à lui parler tout de suite.

— C'est l'actionnaire de tantôt, — se dit monsieur de Sénancourt accablé, — que lui répondre ?

— Faites entrer ce monsieur, — répond vivement monsieur Coquard au valet de chambre.

Celui-ci sort, et bientôt paraît monsieur Loubin. Il jette un regard d'intelligence à son complice, puis, feignant la colère :

— Ah ! je vous trouve donc aussi, monsieur Coquard ! Drôle que vous êtes ! escroc !

— Monsieur, — reprend avec dignité monsieur Coquard, — retirez cette expression, qui peut s'interpréter d'une façon désobligeante pour moi, et...

— Double fripon ! osez-vous seulement me regarder en face ?

—s'écrie M. Loubin; puis, s'adressant au duc :—Monsieur, tantôt je n'avais que des doutes sur la fourberie dont nous craignions d'être victimes ; malheureusement, au doute a succédé la certitude. Depuis ma dernière visite, j'ai eu connaissance de ces documens officiels, je vous en apporte un double, certifié conforme, afin que vous les examiniez. Les voici — ajoute-t-il en déposant sur la table une liasse de papiers.— Ces documens prouvent d'une manière flagrante que la société dont vous êtes le président et M. Coquard le gérant n'est qu'une immense volerie ! Qu'avez-vous à répondre ?

— J'ai la tête perdue ! — s'écrie le duc de Sénancourt presque égaré.—Laissez-moi ! retirez-vous !

— Comment ! monsieur, voilà tout ce que vous avez à me répondre ?

— Vous êtes donc sans pitié ? — reprend monsieur de Sénancourt douloureusement.— Je vous dis que je n'ai pas la tête à moi !

— Monsieur le duc de Sénancourt, — reprend gravement monsieur Loubin, — si demain matin, à dix heures, vous ne m'apportez pas la somme de trois cent mille francs montant de mes versemens et de ceux des actionnaires que je représente, à midi notre plainte en escroquerie est déposée au parquet ! — Et après avoir jeté une carte sur la table où monsieur de Sénancourt est accoudé le front dans ses mains, il ajoute : — Voici mon adresse.

Monsieur Loubin s'éloigne, fait signe à monsieur Coquard de le suivre, et sortant avec lui du salon sur la pointe du pied, dit à son complice :

— Paiera-t-il ?

— Parbleu !

Monsieur de Sénancourt, resté seul après le départ des deux fripons, pousse un sanglot déchirant et s'écrie :

— Déshonoré !!

DEUXIÈME PARTIE

I

Messieurs Coquard, Loubin et Bézuchet appartenaient à cette ignoble classe de *faiseurs*, toujours à l'affût des dupes. M. le duc de Sénancourt ne pouvait guère échapper à leurs filets, la trame des trois fripons ne manquant pas d'ailleurs d'habileté. Le Loubin, possédant quelques fonds, déterra une détestable entreprise : *les tabacs de Constantine*, s'en rendit maître à peu de frais, et, voulant rester en apparence étranger à cette coquinerie, fit de Bézuchet son prête-nom, son homme de paille, le chargea de falsifier les pièces relatives à cette affaire, de *grouper* des chiffres, de simuler des attestations honorables au sujet des produits de l'exploitation, etc., etc.

Les choses ainsi préparées, Coquard fut chargé de présenter à monsieur de Sénancourt la future société en commandite, sous un jour prodigieusement favorable.

Le duc, peu expérimenté, crut et dut croire à la réalité des faits affirmés par Coquard et confirmés par de magnifiques rapports du Bézuchet, qui se rendit en Algérie et envoya de nouvelles preuves de l'excellence de l'entreprise.

Elle fut *mise en actions*. Monsieur de Sénancourt en prit et solda un grand nombre. Le Coquard se chargea de distribuer les autres, mais n'en émit que quelques-unes ; le surplus demeura entre les mains des trois fripons. La rareté de ces titres, la fièvre de spéculation industrielle qui frappa de vertige tant d'esprits, enfin le nom si honorablement connu de monsieur de Sénancourt, président de la société des tabacs de Constantine, *lancèrent* tout d'abord l'entreprise. Bézuchet, en sa qualité de caissier, soumit ses livres à l'approbation de monsieur de Sénancourt. Celui-ci, confiant comme un honnête homme et complétement ignorant d'ailleurs de la comptabilité, donna sa signature sans examen, avec une légèreté impardonnable à tout autre qu'à lui. Les sommes provenant de ses versemens servirent à payer aux actionnaires un premier et fabuleux dividende ; puis vint le moment de *manger le morceau*, selon la cynique expression de Coquard, en d'autres termes de prouver à monsieur de Sénancourt que l'entreprise était une insigne friponnerie dont il devenait solidaire, de l'épouvanter par des menaces de poursuites infamantes, et de le forcer ainsi de *financer* afin d'échapper à un procès correctionnel.

Les rôles furent partagés. Loubin, non moins fripon que ses complices, mais tenant à ce qu'il appelait *sa considération*, et parfaitement à l'abri des poursuites, se chargea de représenter les actionnaires lésés. Bézuchet accepta le rôle de bouc émissaire, et Coquard celui de dupe ; ces deux derniers, et particulièrement Coquard, en sa qualité de gérant, risquaient, ils le savaient, d'encourir aussi la peine correctionnelle qui, le cas échéant, atteindrait mousieur de Sénancourt. Ils étaient bravement décidés à subir cet inconvénient, certains d'avoir une large part des dommages-intérêts considérables que le duc de Sénancourt, seul solvable, serait nécessairement condamné à payer à Loubin, possesseur de la presque totalité des actions; mais, selon l'espoir des trois complices, les choses n'iraient point jusqu'à cette fâcheuse extrémité; monsieur de Sénancourt, afin d'étouffer un scandale dont le retentissement déshonorerait son nom, s'*exécuterait*; le tour serait fait, ainsi que le disaient ces honnêtes industriels. Après quoi, ils chercheraient à exploiter une autre dupe.

II

Le lendemain matin de ce jour où monsieur Loubin avait signifié son *ultimatum* à monsieur de Sénancourt, madame Boyer, la femme de charge dont les appétits désordonnés à l'endroit de la spéculation effrayaient et ahurissaient le pauvre vieux Dupont, homme de confiance de la duchesse douairière ; madame Boyer, disons-nous, pensive dans le salon de ses maîtres, résumait ainsi les événemens de la veille et de la matinée :

— Depuis hier soir, il se passe ici quelque chose d'extraordinaire. Mademoiselle Valentine, enfermée chez elle, ne fait que pleurer, selon ce que m'a dit sa femme de chambre; monsieur Tancrède est non moins désolé ; monsieur le duc paraît bouleversé ; il n'est rentré cette nuit que fort tard, et ce matin il est sorti à pied au point du jour; enfin, Dupont vient d'entrer d'un air mystérieux, une lettre à la main, chez madame la duchesse-mère. —

Et madame Boyer indique du geste l'une des portes latérales du salon. — Qu'est-ce que tout cela signifie ? Pourvu qu'il n'y ait pas de baisse sur nos valeurs !

Le monologue de madame Boyer est interrompu par Dupont, qui sort de la chambre à coucher de la duchesse douairière. Le bonhomme semble en proie à une préoccupation profonde, et lorsqu'il se rapproche de la femme de charge, au lieu de lui lancer comme la veille des regards irrités, effarés, il la contemple avec une sorte d'admiration mêlée d'inquiétude, et se dit en hochant la tête :

— C'est vraiment une femme étonnante que cette Boyer! — Puis tout haut, il ajoute : — Ah! vous voilà, ma chère?... Justement, je vous cherchais.

— Qu'est-ce donc que cette lettre que vous venez de porter à votre maîtresse ?

— Une lettre de monsieur Tancrède ; mais je...

— Comment, il écrit à sa grand'mère, au lieu d'aller lui parler ?

— Apparemment, — répond le vieux serviteur; et il s'écrie avec exaltation : — Ah! ma chère Boyer, je n'ai pas fermé l'œil de la nuit! Je rêvais éveillé! C'est votre faute, serpent tentateur! J'avais le cauchemar en songeant à vos placemens, à vos actions! Votre Nord, votre Midi, votre Blanc, votre Noir, et surtout votre Vieille-Montagne, prenaient des figures fantastiques, formaient une sorte de ronde du sabbat, et venaient m'agacer, me lutiner! Vous représentiez la Vieille-Montagne, en chair et en os! vous aviez cent pieds de haut, une robe cousue de billets de banque, et pour bonnet un lingot d'or. Tenez... vous me faites peur! Vous m'avez ensorcelé, diablesse de femme !

— Cependant, mon cher, vous me reprochiez hier de prendre les Angevins pour des Champenois.

— Que voulez-vous? je ne comprenais rien à vos paroles; j'arrivais du fond de notre pauvre province, où sont inconnus ces merveilles, ces prodiges, que vous m'avez expliqués, démontrés depuis hier soir; vous m'avez laissé ébloui, fasciné. Comment! là… vrai? il serait possible que mes économies me rapportassent dix, quinze, vingt pour cent?

— Au moins… au petit moins.

— Quelle bête j'étais! Je me contentais de dire à madame la duchesse, lorsque j'avais amassé une certaine somme que notre intendant m'échangeait contre de l'or : « Ma marraine, voulez-vous me permettre de mettre mon » petit magot dans votre cassette? » — Et le bonhomme, se rengorgeant, ajoute avec une importance naïve : — J'ai mon coin dans la cassette à madame, dont elle me confie toujours la clef.

— De sorte que votre magot dormait là comme un imbécile, au lieu de vous faire des petits?

— Mon Dieu, oui… le scélérat! Mais étais-je bête, je le répète! l'étais-je! Après cela, il faut m'excuser, ma chère Boyer, je n'ai jamais été intéressé; je ne tenais point à l'argent; j'économisais parce que l'on ne manque de rien chez madame et qu'il n'y a aucune occasion de dépense à Sénancourt; sans compter que les serviteurs de madame sont certains d'avoir après elle du pain pour leurs vieux jours!

— Parlons affaires. Voyons, à combien se montent vos économies?

— A cent soixante et dix-neuf louis d'or.

— Que de biens perdus ! Et penser qu'en un tour de main vous pouvez doubler cette somme.

— La doubler ! — s'écrie Dupont joignant les mains et écarquillant les yeux, — la doubler !

— La tripler.

— La tri...pler ! Allons, vous vous moquez de moi, ma chère !

— Vous pouvez tripler la somme, vous dis-je, en entrant dans le *Noir animal*. C'est en ce moment ce qu'il y a de meilleur avec la *Vieille-Montvgne*, sans compter les *Tabacs* de monsieur le duc, qui donneront de superbes bénéfices. Malheureusement, j'ai revendu mes coupons à ce bon monsieur Coquard ; mais monsieur le duc a conservé beaucoup d'actions, et à la recommandation de madame la duchesse-mère, vous pourriez en obtenir de lui quelques-unes. C'est une affaire d'or.

— De l'or ! toujours de l'or ! — s'écrie Dupont avec enthousiasme, — partout de l'or ! Depuis que vous m'avez ouvert les yeux, ma chère Boyer, je ne vois qu'or, je ne rêve qu'or ! Seulement, je me demande ce que je ferai de tant d'or ! Je destinais mes économies à ma nièce, mariée à Angers, une brave et digne créature que j'aime beaucoup ; mais ma foi ! écoutez donc, si la spéculation double, triple mes cent soixante-dix-neuf louis, c'est autre chose : ça devient important, et je garde le magot. Seulement, j'en reviens là, moi qui ai si peu de besoins, et qui ne manque de rien chez madame, qu'est-ce donc que je vais faire de tant d'argent ?

— Patience, patience ! l'appétit vient en mangeant.

— C'est pourtant vrai ce que vous dites là, ma chère Boyer; je n'étais point intéressé, et il me semble que je deviens un Harpagon à la seule pensée d'empocher ces fameux bénéfices ! Oui, il me semble que lorsque j'aurai fait un gain, je voudrai en faire un second, et toujours ainsi, de plus fort en plus fort. Sac-à-papier! je n'étais qu'un sot! je veux à mon tour devenir spéculateur. Ah! le beau mot : spéculateur!... je serai spéculateur!

— Ce cher Dupont! ses yeux brillent comme des chandelles; il a le feu sacré!

— Au vrai, je brûle déjà de palper mes bénéfices. Ah çà! résumons-nous. Vous dites que ce qu'il y a de meilleur, c'est le Noir animal, la Vieille-Montagne et les Tabacs de monsieur le duc?

— Je vous le répète, c'est du vrai nanan. Redemandez vos économies à madame la duchesse, et en avant la spéculation !

— Voilà ce qui m'embarrasse terriblement, — répond le bonhomme se grattant l'oreille, — oser redemander mon argent à madame. Tout à l'heure je n'ai pas eu le courage de lui en toucher un mot.

— Justement, voici votre maîtresse, — reprend madame Boyer en lui montrant la duchesse douairière qui sort de la chambre voisine; — l'occasion est excellente. Allons, de l'audace! Je vous attends dans ma chambre. Réclamez vos capitaux à madame la duchesse, et tantôt je vous conduirai chez monsieur Coquard.

La femme de charge quitte le salon et laisse Dupont seul avec sa maîtresse.

III

Madame la duchesse douairière de Sénancourt entre lentement dans le salon, lisant la lettre de Valentine et de Tancrède qui lui a été remise par Dupont. Les traits de la grande dame, quoique pâlis, fatigués par une longue insomnie, agités de réflexions navrantes, révèlent toujours une invincible fermeté de caractère ; la duchesse termine la lecture de la lettre, soupire et murmure :

— Pauvres enfans !

Dupont, observant sa maîtresse, se dit :

— Je ne sais comment aborder madame pour lui parler de mon magot, et, d'un autre côté, avoir trois ou quatre cents louis au lieu de cent soixante-dix-neuf, ça vaut la peine d'un effort. Allons, du courage ! je vas appeler madame : « ma marraine, » comme dans les grandes occasions. — Et il ajoute tout haut : Ma marraine !

— Qu'est-ce ? — lui demande la duchesse douairière avec impatience, — que veux-tu ?

— Ma marraine... je...

— Allons, quelle sottise as-tu faite encore que tu m'appelles ta marraine ?

— J'aime mieux que madame me dise cela : ça la prepare — pensait Dupont, et il reprend : — Ma marraine, je voudrais vous demander quelque chose.

— Quoi ? Allons, parle ; parle donc !

— Ma marraine sait que j'ai l'habitude de déposer mes économies dans sa cassette ?

— Eh bien ! ensuite ?

— La cassette est restée à Sénancourt ; mais, si ma marraine voulait me le permettre, je prendrais, sur les douze mille francs en or restant de la somme que madame m'a commandé d'emporter pour le voyage... mes cent soixante et dix-neuf louis d'économies qui...

— Qu'as-tu besoin de cet argent ?

— Hum! hum! je voudrais... c'est-à-dire la Boyer... me... enfin... je...

—Vous m'impatientez fort avec vos ânonneries, monsieur Dupont, je vous en préviens.

— Fermons les yeux, et jetons-nous tête baissée dans le danger,—se dit le vieux serviteur, et il ajoute tout haut avec une extrême volubilité : — Ma marraine, je voudrais doubler, tripler mes économies par une petite spéculation, devenir, révérence parler, un petit spéculateur... et...

— Que dit-il ? — s'écrie la duchesse douairière, suffoquée. — Lui aussi !

—Hardi ! le gros mot est lâché, — pensait Dupont, et redoublant d'assurance et de volubilité : — Oui, ma marraine, je voudrais, comme dit la Boyer, me lancer dans les Tabacs de monsieur le duc, dans la Vieille-Montagne, dans le Noir animal, afin de...

— Il est ici un animal noir d'épaisse sottise, et qui se permet de venir me débiter une montagne de stupidités, — répond la duchesse douairière en toisant le bonhomme d'un regard sardonique et courroucé. — C'est de vous qu'il s'agit, mons Dupont, entendez-vous cela ? Vertu de ma vie! cet oison, à peine débarqué ici depuis vingt-quatre heures, est déjà assoté, affolé comme les autres !

— Pardon, ma bonne marraine,—s'écrie Dupont tremblant et repentant,—je ne voulais point vous fâcher, mais la Boyer m'assure qu'entre autres, les excellens Tabacs de monsieur le duc...

— Ce malheureux-là a gagé de me faire étrangler de colère ! — reprend la grande dame exaspérée. — Apprenez donc, triple nigaud à cheveux blancs, que ce que vous appelez avec tant de judiciaire et d'heureux à-propos : «les excellens tabacs de monsieur le duc, » est probablement une abominable coquinerie dont il sera la première victime ! D'après cette belle spéculation, jugez des autres, monsieur le spéculateur. Allons, sortez, et allez vous cacher!

— Est-il Dieu possible ! ma bonne marraine ? — balbutie le bonhomme abasourdi ; — c'est cette Boyer qui...

— Sortez ! sortez ! ne reparaissez jamais devant moi !

— Par pitié, ma bonne marraine, ne...

— Jour de Dieu ! — s'écrie la duchesse douairière impétueusement, — me laisserez-vous en repos ? Sortez, vous dis-je... j'ai l'habitude d'être obéie !

— Cette infernale tentatrice est cause de tout ! — s'écrie Dupont désespéré. — Elle me trompait, sac-à-papier ! — ajoute le bonhomme en sortant furieux. — La Boyer ne sait pas ce que c'est qu'un Angevin déchaîné. Je vas la battre !

La duchesse douairière, après le départ de son vieux serviteur, resta un moment pensive, puis elle s'écria avec un accent de colère et de dégoût :

— Ah ! quelle est mon horreur pour cette ville maudite ! Un dernier entretien avec mon fils, et je quitte, pour n'y jamais rentrer, cet abominable Paris ! On respire ici un air empoisonné. Personne n'est donc à l'abri de la contagion ? Le docteur disait donc vrai ? Quoi ! ce vieux

Dupont, la probité, le désintéressement par excellence, le voici déjà perverti par une ignoble convoitise ! Vertu de ma vie ! si je restais plus longtemps ici, je finirais, je crois, par douter de moi-même. — Et reprenant le papier dont elle venait d'interrompre la lecture, — Achevons de lire la lettre de ces pauvres enfans :

« Enfin, chère grand'maman, ma sœur et moi nous
» avons mieux aimé vous écrire qu'oser vous faire de
» vive voix nos confidences. Nous espérons tout de votre
» indulgence et de vos bons conseils. Nous ne pouvons,
» en l'absence de notre mère, nous adresser qu'à vous.
» Hélas ! nous ne comptons plus que sur votre intérêt, sur
» votre pitié, car nous sommes bien malheureux !

» Croyez, chère grand'maman, au tendre et profond
» respect de votre petite-fille et de votre petit-fils. »

La duchesse douairière, pensive, dépose la lettre sur une table près de laquelle elle est assise.

La porte du salon s'ouvre doucement. Valentine et son frère y paraissent, restent un moment au seuil en se consultant à voix basse.

— Mon frère, — dit mademoiselle de Sénancourt, — crois-tu que notre grand'mère ait lu notre lettre ?

— Oui, elle vient de la remettre sur la table.

— Est-ce que grand'maman a l'air d'être bien fâchée ?

— Je ne peux, d'ici, voir son visage.

— Ah ! quel temps ! — s'écrie la duchesse douairière, accablée par de pénibles réflexions, et, faisan tun brusque mouvement, — Quelle société ! quelles mœurs !

— Mon Dieu ! — dit tout bas Valentine, — bonne maman paraît être en colère. Je n'ose l'aborder. Retirons-nous, mon frère.

— Non, courage! Que risquons-nous, après tout?

— Hélas! c'est vrai ; nous ne pouvons être plus malheureux que nous ne le sommes. Allons! viens, Tancrède, tu parleras le premier.

Tancrède de Sénancourt et sa sœur s'avancent timidement vers la duchesse douairière, toujours absorbée dans ses pensées. Elle ne s'aperçoit de la présence des deux jeunes gens que lorsqu'ils sont à quelques pas d'elle, et les regarde sans mot dire.

— Nous venions, Valentine et moi, — dit Tancrède embarrassé, — nous venions demander à notre grand'mère si elle a bien voulu lire la lettre que nous avons pris la liberté de lui écrire?

— Certainement, je l'ai lue cette lettre, mes chers enfans.

— Grand'mère a dit : «Mes chers enfans,»—reprend tout bas Valentine, s'adressant à son frère, — c'est bon signe.

— Je l'espère, — répond Tancrède aussi tout bas. — Courage, ma sœur!

— Asseyez-vous là, près de moi, — dit affectueusement la duchesse douairière, — et causons, mes enfans, de ce qui vous intéresse.

IV

Les deux jeunes gens, rassurés, enhardis par les bienveillantes paroles de leur aïeule, s'assoient à ses côtés. Elle les contemple tour à tour avec tendresse et leur dit :

— Ainsi, mes enfans, monsieur votre père s'oppose absolument à ce que tu épouses, toi, Valentine, ce monsieur Louis Morel, et toi, Tancrède, cette demoiselle Morel? En suite de quoi, dans votre chagrin, vous venez me demander que faire, que résoudre ?

— Oui, grand'maman, — répond tristement Valentine, — nous vous l'avons écrit : nous n'espérons plus qu'en vous.

— D'abord, mes enfans, j'accepte de tous points et les yeux fermés votre apologie de ce monsieur et de sa sœur; je me souviens parfaitement qu'un homme en qui j'ai toute créance, mon vieil ami le marquis de Beauregard, m'a souvent parlé avec infiniment d'éloge et d'estime d'un camarade d'école de son fils, aujourd'hui capitaine d'artillerie, lequel camarade s'appelait Morel et avait une sœur que l'on disait accomplie. Or, s'il s'agit de ces mêmes Morel...

— Certainement, grand'maman, — s'empresse de répondre Valentine, — ce sont bien les mêmes personnes. Vous le voyez, nous vous avons dit la vérité. Ah! si vous connaissiez M. Louis Morel et sa sœur !

— C'est alors que ma grand'mère s'intéresserait peut-être encore davantage à nous, — ajoute Tancrède, — car elle reconnaîtrait combien nos choix sont justifiés par le mérite des personnes que nous aimons.

— Je n'en doute point. Mon petit-fils et ma petite-fille sont incapables de placer mal leur affection. Leur seul tort, il est grave, est d'avoir oublié les devoirs que leur imposait leur naissance; mais le cœur est ainsi fait, que de tels oublis se sont vus, se verront toujours.

— Oh! grand'maman, — s'écrie Valentine, cédant de plus en plus à une douce espérance, — le ciel nous a inspirés en nous donnant la pensée de nous adresser à vous.

— Mon Dieu, mes enfans, je vous dirai tout bonnement

comment au temps passé les choses s'arrangeaient à la satisfaction de chacun. Or, ce qui autrefois était convenabble et digne doit l'être encore aujourd'hui.

— Certainement, — reprend Tancrède, partageant l'espoir de sa sœur. — Ah! grand'mère, vous nous sauvez!

— Voici donc comment les choses se passaient de mon temps.

V

— Oui, mes enfans, — répéta la duchesse douairière, après s'être laissé embrasser de nouveau par Tancrède et par Valentine, qui attendaient sa réponse comme un oracle favorable; — oui, voici comment les choses se passaient de mon temps. Une jeune personne de ta condition, Valentine, avait-elle fait comme toi un choix repoussé par sa famille, mais justifié par le mérite de celui qui en était l'objet: elle savait à la fois rester fidèle au sentiment de son cœur, respecter la volonté de sa famille et ne point blesser les convenances.

— Et comment donc cela, grand maman?

— Rien de plus simple, — reprend la duchesse douairière, — la jeune personne entrait au couvent.

— Bon! et ensuite? — demanda naïvement Valentine. — Et ensuite?

— Ensuite?...

— Oui, grand'maman; car, si je vous comprends bien, la jeune fille entrait d'abord au couvent pour quelques jours, sans doute... Mais après y être entrée, au couvent, que faisait-elle?

— Eh bien, elle y restait, au couvent!—répond la grande dame; —elle offrait son inaltérable amour en sacrifice au seigneur, conciliant, ainsi que je vous le disais, mes enfans, les nécessités de sa condition, le choix de son cœur et le respect dû à la volonté paternelle.

— Ah! mon Dieu! — balbutie Valentine abasourdie et échangeant avec son frère un regard de pénible désappointement, tandis que l'aïeule poursuivait :

— Quant au gentilhomme qui comme toi, mon cher Tancrède, aimait passionnément une honnête et charmante personne, qu'il ne pouvait épouser, parce qu'elle manquait de naissance, il postulait sa réception dans l'ordre de Malte, l'obtenait facilement, prononçait des vœux d'éternel célibat et allait guerroyer les infidèles sur les galères du roi, restant ainsi honorablement fidèle à son amour, sans forfaire à son rang. Voilà qui était, n'est-il pas vrai, mes enfans, séant, touchant et chevaleresque?

— Mais, grand'mère, — reprend Tancrède, non moins déçu que sa sœur dans ses espérances, — permettez-moi de vous faire observer que...

— Sans doute, tu vas m'objecter, mon cher enfant, que l'ordre de Malte et les vœux de célibat éternel sont abolis? C'est malheureusement vrai; mais l'on fait, ce me semble, toujours la guerre en Afrique, et il dépend absolument de toi de rester garçon toute ta vie, de même qu'il dépend de ta sœur d'entrer au couvent des Oiseaux ou du Sacré-Cœur, encore existans aujourd'hui, et qui sont de très bonne compagnie.

— Mon frère s'engager soldat ! — dit Valentine les larmes aux yeux,—risquer d'aller se faire tuer en Afrique ! moi entrer au couvent ! hélas ! bonne maman, tels sont les conseils que vous nous donnez!

— Mes enfans,—reprend la grande dame d'un ton d'affectueux reproche, — avez-vous pu supposer que je vous conseillerais de désobéir à monsieur votre père?

—Désobéir! non, — répond Tancrède, — mais nous espérions que ma grand'mère consentirait à intercéder pour nous auprès de notre père afin de le faire revenir d'un injuste préjugé... qui...

— Par ma foi ! — s'écrie la duchesse douairière, — je ne m'attendais point à être choisie par vous pour m'en aller en guerre contre ce que vous appelez les préjugés, monsieur mon petit-fils! Ces préjugés-là, — ajoute sévèrement la grande dame, — moi je les nomme le respect de vous-même et de l'honneur de votre maison!

—Mon Dieu, tu l'as fâchée,—dit tout bas Valentine à son frère; et s'adressant à leur aïeule :—Chère grand'maman, ne vous méprenez pas sur les paroles de Tancrède. Il a voulu seulement vous exprimer la profonde et douloureuse surprise où nous a jetés le refus de mon père au sujet de ce mariage.

— La belle excuse! —répond en ruchonnant la duchesse douairière ;—voilà justement une surprise fort impertinente !

— Ma grand'mère me permet-elle une question ?

— Soit. Parlez, mon petit-fils.

— Ce que ma grand'mère nous reproche, à Valentine et à moi, c'est d'oublier que monsieur Louis Morel et sa sœur ne sont pas d'une condition égale à la nôtre ?

— Certainement, et votre entêtement au sujet d'une pareille mésalliance est inexcusable.

— Nous sommes sans doute très coupables, grand'maman, — répond timidement Valentine ; — cependant nous méritons votre indulgence ; car enfin, avouez-le, comment pouvions-nous avoir conscience de cette inégalité de condition dont vous nous parlez? Ma mère me citait chaque jour Sidonie Morel en exemple.

La duchesse douairière, à son tour, assez embarrassée, ne répond rien. Tancrède échange avec sa sœur un regard d'intelligence et ajoute :

— Mon père, en m'associant à l'exploitation de l'usine de monsieur Louis Morel, lui disait : « — Ah ! mon ami, que mon fils marche sur vos traces, mes vœux seront comblés. »

— Au fait, — se demande la duchesse douairière, toujours silencieuse, — que puis-je répondre à cela ?

— Enfin, grand'maman, — reprend Valentine, — si monsieur Louis Morel est, comme on dit, industriel... notre père ne l'est-il pas également ?

— Aussi, comment penser qu'après nous avoir donné l'exemple de ce que ma grand'mère appelle « l'oubli de notre rang, » — dit Tancrède avec amertume, — ce rang, notre père ne l'invoquerait qu'afin de détruire nos plus chères espérances, pour ainsi dire encouragées par lui ?...

— Et voilà comme tout s'enchaîne ! — s'écrie impétueusement la grande dame ; — et voilà comme le mal engendre le mal ! et voilà comme le mépris de notre propre dignité enseigne aux autres le mépris de la leur ! Après tout, ces enfans, dans leur déraison... ont raison !

— Oh ! chère bonne maman ! — dit Valentine en sautant au cou de son aïeule, — combien vous êtes indulgente !

— Ma grand'mère en convient elle-même, — ajoute Tancrède en embrassant aussi son aïeule ; — l'on ne saurait nous rendre responsables d'une faute qui n'est pas la nôtre.

— Laissez-moi tranquille, vilains enfans ! — reprend la douairière attendrie et se dégageant doucement de l'étreinte des deux jeunes gens ; — ce n'est certes point le désir de vous rabrouer qui me manque ; mais, en conscience, est-ce que je le peux ? Voyez donc un peu quelle bonne grâce a mon fils de repousser la demande de ce monsieur Morel, et de faire le grand seigneur ? de se retrancher dans sa noblesse de race, dans l'illustration de la maison de Sénancourt ? Il trafique des boues de Paris, débite du tabac, et si je n'y mettais ordre, il ajouterait à ces jolis négoces celui du sucre et du rogomme ! Allons donc ! monsieur le duc de Sénancourt devrait au contraire se tenir fort honoré, oui, devrait être fort honoré de la demande de ce monsieur Louis Morel. Auprès de ce monsieur, très estimable d'ailleurs, mon fils n'est en industrie qu'un croquant, qu'un parvenu ! Voilà donc où nous en sommes ! — ajoute impétueusement la grande dame ; — de pauvres enfans seront voués au malheur parce qu'ils auront innocemment suivi l'exemple de leur père !

— Hélas ! tel est notre crime, bonne maman, — répond Valentine en soupirant. — Nous voyions sans cesse mon père accueillir M. Louis Morel avec une si cordiale familiarité, que...

— Oui ! elle est fort commode et surtout très sincère, cette belle familiarité-là ! — s'écrie la duchesse avec une ironie amère.—S'agit-il d'embourser de l'argent, l'on met son blason dans sa poche, son titre au crochet ; l'on se fait tout à tous ; on traite le premier venu en bon compagnon... Touchez-là, compère ! tope ! nous sommes égaux ! à tu, à toi ! nous nous valons de reste ! et courons sus aux sacs d'écus ! Mais la curée faite, le gain empoché, le pauvre diable s'avise-t-il de prendre au sérieux le bon compagnonnage de monsieur le duc : A d'autres ! Monsieur le duc se redresse, se renfrogne, se rengorge, et, perché sur sa couronne ducale, regarde de haut en bas ce monsieur... qui bonnement donnait dans ces protestations égalitaires !

— Ainsi, grand'mère, — s'écrie Tancrède avec joie, — nous pouvons espérer que notre mariage.....

— Votre mariage ! — reprend la duchesse douairière exaspérée ;—votre mariage ! Rien qu'en y songeant, je me sens crispée, révoltée ! Mais, vertu de ma vie ! je voudrais qu'il se fît, ce beau mariage, et j'y pousserais de toutes mes forces, ne fût-ce que pour frapper mon fils dans sa pitoyable vanité... car il a perdu le droit d'invoquer sa dignité !

La grande dame est interrompue par son fils qui, pâle, agité, entre précipitamment dans le salon.

VI

Tancrède et Valentine de Sénancourt, frappés de la pâleur et de l'altération des traits de leur père, empreints d'un sombre désespoir, courent à lui, et Valentine s'écrie

— Grand Dieu ! mon père, qu'est-il arrivé ?

— Mon père, — ajoute Tancrède aussi inquiet que sa sœur,—aurais-tu reçu de mauvaises nouvelles de ma mère?

— Non, grâce à Dieu ! — reprend le duc de Sénancourt d'une voix étouffée ; — non, mes enfans, ce malheur, du moins, nous est épargné.— Puis, embrassant son fils et sa fille avec effusion : — Mes enfans, mes pauvres enfans !...

— Que s'est-il donc passé ?—se dit la duchesse douairière surprise et alarmée. — La pâleur de mon fils, ses larmes, ces embrassemens douloureux... Ah ! mon anxiété est mortelle !

— Mon père,— reprend Valentine, toujours dans les bras du duc et pleurant, — si ces projets de mariage que tu as cru devoir repousser sont la cause de ton chagrin, Tancrède et moi, je te le jure, nous ne te reparlerons jamais de ces projets, quoiqu'il nous en coûte !

— Ah ! plutôt que de t'affliger, mon père, — dit à son tour Tancrède, — nous renoncerions au bonheur de notre vie, fût-il assuré !

— Il ne s'agit pas de votre mariage. Laissez-moi, mes enfans, il faut que je m'entretienne sur-le-champ avec votre grand'mère.

A ces mots de monsieur de Sénancourt, les deux jeunes gens s'éloignent tristement, et Tancrède dit tout bas à sa sœur :

— Quel malheur inattendu a donc frappé notre père ?

— Je ne sais, Tancrède, mais je tremble.

VII

La duchesse douairière est restée seule avec son fils.

La grande dame, malgré ses déplorables préjugés de caste, malgré son caractère altier, inflexible, malgré sa véhémence, malgré son esprit sarcastique et acerbe, était la plus tendre des mères ; seulement, elle croyait devoir contenir dans une apparente réserve ses sentimens maternels, persuadée que leur expansion sans mesure, dégénérant presque toujours en fâcheuse familiarité, affaiblissait le respect filial. Elle contemplait avec une angoisse croissante monsieur de Sénancourt. Aussitôt après la sortie de ses enfans, il s'est dirigé vers la porte, a poussé le verrou, puis, revenant vers la duchesse,

—Ma mère,—dit-il d'une voix altérée,—les momens sont comptés. Par pitié, daignez m'entendre sans m'interrompre ; vous ne m'adresserez jamais de reproches plus écrasans que ceux que je me suis adressés à moi-même durant cette nuit nuit d'horrible insomnie et de remords déchirans !

—Vous m'effrayez ! Qu'avez-vous donc à m'apprendre ?

—Entraîné par ce fatal amour du gain qui s'est emparé de tous les esprits...

— Enfin, vous l'avouez !

— Je l'avoue avec honte ; je l'avoue, le désespoir dans l'âme. Cet humble aveu, ma mère, m'épargnera-t-il maintenant vos sarcasmes mérités ?

— Mon fils. — répond la grande dame émue, — l'abattement où je vous vois, les tristes pressentimens dont mon cœur est navré, laissent dans mon esprit peu de place à l'ironie.

— Ne pensez pas que j'aie seulement cédé par cupidité personnelle à cette malheureuse fièvre de spéculation! Non, ma mère, j'en jure Dieu! A cette heure où je vous parle comme à mon juge, vous me croirez : le désir d'augmenter le patrimoine de mes enfans était l'un des plus puissans mobiles de ma convoitise.

— Je veux vous croire... je vous crois.

— Que vous dirai-je? Il me semblait aussi, à tort ou à raison, agir utilement en me créant des occupations au lieu de me borner à dépenser dans l'oisiveté mes revenus Je me suis donc uniquement occupé d'affaires industrielles, auxquelles j'étais jusqu'alors resté étranger, pensant, hélas! que le bon vouloir, l'activité, la droiture, pourraient suppléer à mon inexpérience. Tout sembla succéder heureusement à mes désirs; mon nom considéré, mon rang, ma fortune m'aplanirent toutes les voies ; des compagnies honorables crurent avantageux à leurs intérêts de se placer sous mon patronage. Le hasard me mit en relation avec un jeune homme instruit, loyal, distingué à tous les titres et enrichi par une découverte due à son génie, monsieur Louis Morel.

— Celui que... — Puis s'interrompant, la duchesse douairière ajoute : — Poursuivez.

— Connaîtriez-vous monsieur Morel, ma mère?

— Poursuivez.

— Monsieur Louis Morel fut souvent mon guide; sa probité scrupuleuse, sa pénétration, sa rare intelligence des affaires, me sauvegardèrent longtemps des périls où pouvaient me jeter ma crédulité, ma confiance et la pratique de choses si nouvelles pour moi. Malheureusement, je ne me bornai pas aux seules spéculations que monsieur Louis Morel me conseillait, spéculations sûres, honnêtes, et comme telles ne produisant pas des gains exorbitans. Un misérable s'introduisit chez moi. Ce fourbe cachait sous des dehors d'une bonhomie grossière l'astuce la plus noire, la plus audacieuse scélératesse... C'est lui qui m'a perdu !

— C'est cette *espèce* qu'hier je voulais faire chasser de chez vous ?

— Oui, ma mère. Il m'offrit une spéculation en apparence aussi licite que magnifique. Ebloui, trompé, je crus tellement à la sûreté de l'entreprise et aux bénéfices énormes qu'elle devait rapporter, que je plaçai des fonds dans cette compagnie, dont j'acceptai la direction, me rendant ainsi moralement responsable de ses actes. D'abord tout alla bien ; mais hier l'un des actionnaires...

— Est venu vous déclarer en ma présence que les bruits les plus fâcheux circulaient sur cette entreprise...

— Ces bruits étaient fondés ; cette entreprise, que dans ma déplorable crédulité j'avais regardée comme honorable, était en effet une volerie infâme... Je me trouve solidaire de cette infamie !

— Grand Dieu !

— Ce n'est pas tout, — ajoute monsieur de Sénancourt frémissant et d'une voix entrecoupée, — je suis sous le coup d'une menace de poursuites en escroquerie !

— Malheureux! — s'écrie la duchesse douairière avec horreur.

La grande dame, ne pouvant résister à sa terrible émotion, vacille, s'appuie sur la table et tombe anéantie dans un fauteuil ; sa tête se renverse ; elle semble prête à se trouver mal. Le duc de Sénancourt aperçoit sur la table le flacon de sa mère, le prend et lui fait aspirer des sels. Elle revient à elle, paraît rassembler ses esprits. Son fils suit tous ses mouvemens avec une anxiété cruelle.

— En face de la mort, et je l'ai vue de près... je n'ai jamais éprouvé pareille défaillance, — murmure la duchesse avec un douloureux abattement ; — mais devant le déshonneur de mon fils... tout se brise en moi !... les forces me manquent.

Et levant vers le ciel ses mains tremblantes et vénérables, la grande dame ajoute en pleurant :

— Seigneur, pourquoi avez-vous si longtemps prolongé mes jours ?... Oh! par grâce! par pitié! rappelez-moi bientôt à vous. J'ai trop vécu, mon Dieu! j'ai trop vécu!

— Oh! pardon, pitié, ma mère! — s'écrie le duc de Sénancourt agenouillé aux pieds de la duchesse. Malheur à moi! peut-être serai-je déshonoré aux yeux du monde, mais, à vos yeux, je ne veux pas être, je ne dois pas être déshonoré! Non! je ne le serai pas, ma mère, si vous daignez m'écouter, si vous daignez me croire!

Monsieur de Sénancourt reste à genoux devant sa mère et peut à peine contenir ses sanglots.

VIII

La duchesse douairière a gardé pendant quelques instants le silence, le front penché, le visage baigné de larmes. Soudain elle redresse la tête et s'écrie avec un élan de confiance maternelle :

— Vous, mon fils, vous capable d'une infamie !... Non, non ! c'est impossible ! Je sais dans quels principes je vous ai élevé. Vous avez dérogé comme gentilhomme, vous avez cédé à une détestable convoitise, mais, j'en jurerais sur mon âme, jamais du moins vous n'avez forfait à la probité ! Non, non ! mon fils est encore honnête homme !

— Oh ! ma mère ! — reprend monsieur de Sénancourt se relevant et baisant les mains de la douairière avec effusion, — vous me donnez le courage d'achever cette cruelle confession ; je l'achève... Un seul moyen me restait d'échapper aux poursuites correctionnelles, m'avait dit le misérable dont j'étais dupe : désintéresser le représentant des actionnaires en lui donnant trois cent mille francs.

— Je respire !... Qu'est-ce que trois cent mille livres auprès de...

— Hélas ! attendez, ma mère. Cette somme, je ne la possédais pas !

— Mon Dieu ! vous m'avez donc trompée ! vous êtes donc ruiné ?

— Loin de là ! Mais tous mes capitaux sont engagés dans des entreprises industrielles. Enfin, hier soir, la tête perdue, je cours chez mon avocat, je lui expose les faits en

toute sincérité. Telle a été sa réponse : « Malgré votre
» bonne foi évidente, vous avez agi, monsieur, avec une
» excessive et imprudente légèreté; votre aveugle confian-
» ce vous a rendu victime et aux yeux de la loi complice
» d'une bande de fripons. Croyez-moi, résignez-vous au
» sacrifice d'argent qu'ils exigent, sinon vous serez accusé
» d'escroquerie. Forcé de vous justifier devant un tribu-
» nal, votre bonne foi pourra moralement ressortir de ces
» affligeans débats; mais, quelle que soit l'indulgence des
» juges, vous n'échapperez pas à un blâme très sévère,
» dont votre nom restera toujours entaché. » Telles ont
été les paroles de mon avocat. Et alors,— ajouta monsieur
de Sénancourt avec un morne abattement,— j'ai senti que
j'étais perdu.

— Du courage, mon fils ! — reprend la duchesse avec
fermeté, — du courage! J'en ai bien, moi! et je le puise
dans la conviction où je suis que vous êtes incapable d'une
indignité... Achevez.

— Résigné au sacrifice que me conseillait mon avocat,
je cours chez mon banquier ; il me remet quarante mille
francs, mes seuls capitaux disponibles, et me refuse à regret toute avance, mes placemens considérables dans
l'industrie pouvant, me dit-il, être complétement dépré-
ciés si la crise commerciale se prolongeait. Parmi les personnes chez qui mes fonds sont engagés, sans qu'il me soit
possible de les réclamer du jour au lendemain, seul M.
Louis Morel eût peut-être consenti à se dessaisir de mes
capitaux. Un moment la pensée me vint de m'adresser à
lui, mais...

— Après votre refus d'hier, une pareille demande devenait impossible.

— Vous savez ?...

— Vos enfans m'ont tout dit. Poursuivez, de grâce, je suis au supplice.

— N'ayant pu me procurer les cent mille écus qu'on exigeait de moi, continua monsieur de Sénancourt, que sa mère écoutait avec angoisse, je suis rentré à une heure du matin. Vous dire mes larmes, ma désolation, mes remords pendant cette nuit funeste, à quoi bon, vous les devinez: Enfin, au point du jour, je suis sorti, résolu à une démarche... honteuse, ignoble ! je me suis rendu chez ce M. Coquard! Je consentais, lui dis-je, à payer la somme, le priant, le suppliant... hélas! ma mère, j'ai supplié ce misérable... le suppliant de m'accorder seulement du temps, et de recevoir en à-compte quarante mille francs que je lui offrais. Cet homme, levant audacieusement le masque, m'a répondu : « Vous avez trouvé quarante mille francs,
» vous saurez bien en trouver trois cent mille! Nous vous
» tenons, nous ne vous lâcherons pas! nous ne vous ac-
» corderons aucun répit : il pourrait tourner contre nous;
» d'ici à deux heures, au plus tard, vous nous solderez
» trois cent mille francs, sinon, avant midi une plainte
» en escroquerie sera déposée contre nous deux. »

A peine monsieur de Sénancourt a-t-il achevé ces paroles que midi sonne à la pendule. La duchesse douairière tressaille, et dit :

— Quelle heure vient de sonner?

Puis s'approchant précipitamment de la cheminée, elle regarde la pendule et s'écrie :

— Midi ! — S'adressant alors à son fils, tremblante d'une angoisse inexprimable, — Cette somme, avez-vous eu du moins le temps de la porter à ce fripon?

— Cette somme, où l'aurais-je trouvée, ma mère?

— Mais, malheureux enfant ! — reprend la douairière avec épouvante et désespoir, — tu as donc oublié que mon argenterie, mes diamans, qui sont à Sénancourt, valent plus de cinquante mille écus, sans compter les deux ou trois mille louis de ma cassette ? — Et s'interrompant tout à coup, en prêtant l'oreille du côté de la porte du salon, — Ecoute !... il me semble que l'on a frappé !...

La duchesse et son fils gardent le silence; ils entendent de nouveau frapper discrètement à la porte.

— Qui est là ? — demande monsieur de Sénancourt, d'une voix mal assurée, — qui frappe ?

— Moi, Lapierre,—répond au dehors un valet de chambre; — j'apporte un papier timbré qu'un gendarme vient de remettre au concierge pour monsieur le duc.

— Si c'était !... — s'écrie monsieur de Sénancourt frémissant. — Ah ! je tremble. Quelle honte ! mes gens sauront!... Ah ! c'est boire jusqu'à la lie le calice d'ignominie !

Le duc va ouvrir la porte et fait signe au serviteur de s'éloigner. Après avoir reçu de lui un papier, il y jette les yeux :

— Un mandat pour comparaître aujourd'hui devant le juge d'instruction.

Le duc tombe anéanti dans un fauteuil et pousse un sanglot déchirant :

— Déshonoré, ma mère, déshonoré !

— Mon fils, mon pauvre enfant!

La grande dame, suffoquée par les sanglots, enlace son fils de ses bras; tous deux, pleurant, restent embrassés pendant quelques instans sans pouvoir prononcer une parole.

IX

La duchesse douairière de Sénancourt, convaincue de l'innocence de son fils, n'était pas femme à se borner à des lamentations stériles. Elle serre une dernière fois son fils contre sa poitrine, puis, essuyant ses larmes, retrouvant sa fierté, sa résolution, sa vaillance accoutumées, elle dit au duc d'une voix ferme et brève :

— Demande à l'instant ta voiture.
— Ma voiture... et pourquoi?
— Nous allons aller chez ce juge.
— Vous... ma mère? vous?
— Qui donc mieux qu'une mère défendrait son fils ? A ce magistrat je dirai : — « Monsieur, je suis la duchesse
» douairière de Sénancourt; ma parole vaut un acte, mon
» affirmation un serment; monsieur le duc de Sénancourt,
» mon fils, est, je l'affirme, d'abord innocent, et, de plus,
« incapable de l'infamie dont on l'accuse! Je m'engage à
» faire payer par mon intendant, avant huit jours, les
» trois cent mille livres exigées par ces fripons! Que tout
» soit donc terminé, monsieur, et, [de grâce, n'accueillez
» pas désormais si légèrement des accusations encore plus
» ridicules qu'elles ne sont odieuses! Mon fils a l'honneur
» d'appartenir à la maison de Sénancourt dont la devise est,

» *Hardement, loyaument.* Ces vieux mots, monsieur, afin
» que vous n'en ignoriez, signifient *hardiment, loyale-*
» *ment!* A cette devise-là les Sénancourt, depuis des siècles
» n'ont jamais failli, ainsi que vous auriez pu, monsieur
» l'apprendre dans l'histoire de France, que vous avez lue
» probablement ; or, mon fils n'a point démérité de sa
» race. » — Et, faisant un mouvement pour se diriger vers
la porte, la grande dame ajoute : — Viens! mon enfant.

— Oh! la meilleure... la plus indulgente des mères ! —
s'écrie le duc, baisant la main de la douairière avec un
tendre respect; — ma reconnaissance...

— Que parles-tu de reconnaissance, mon enfant? Je suis
juste, j'ai le droit d'être sévère, et je l'ai été envers toi
lorsque je t'ai reproché des négoces indignes de ta naissance; mais, vertu de ma vie! jamais je ne souffrirai que
l'on porte atteinte à l'honneur de ta maison, quand tu l'as
toujours respecté, malgré tes égaremens. Viens! viens!

— Ma mère, votre adorable bonté me déchire le cœur!
Hélas! vous ne pouvez rien pour moi!

— Que dis-tu?

— Les lois de nos jours sont égales pour tous. La justice est saisie de cette malheureuse plainte, et si respectables que soient vos affirmations, vos engagemens, rien
ne peut maintenant arrêter la marche de l'instruction;
mon déshonneur est au bout. Et pourtant, je suis honnête
homme! — ajoute monsieur de Sénancourt d'une voix déchirante. — Ah! mes enfans! mes pauvres enfans!

— Dieu juste! quoi! l'affirmation, la sainte parole d'une
mère...

— Tout sera vain! La plainte est déposée, l'instruction

doit avoir son cours. — Et monsieur de Sénancourt reprend avec un sanglot : — Comparaître devant un tribunal, sur le banc des escrocs, des voleurs, moi ! moi ! Laisser à mes enfans un nom flétri !

— Plus d'espoir ! — murmure la grande dame défaillante, — tout est perdu ! L'honneur de la maison de Sénancourt est entaché ! J'ai trop vécu, mon Dieu ! Abrégez Seigneur, le peu de jours qui me restent !

Le valet de chambre ouvre la porte du salon, et précédant Louis Morel, qui reste au seuil, le serviteur dit à son maître :

— Monsieur Louis Morel demande à voir à l'instant monsieur le duc. Il s'agit d'une affaire très urgente.

X

Le duc de Sénancourt, plongé dans une douleur touchant presque à l'égarement d'esprit, répondit au valet de chambre qui lui annonçait monsieur Louis Morel :

— Sortez ; je ne veux voir personne !

— Vous excuserez, je l'espère, mon indiscrétion, monsieur, — dit Louis Morel en s'approchant du duc de Sénancourt, — je vous apporte en hâte une heureuse nouvelle.

— Une heureuse nouvelle ! — répète monsieur de Sénancourt en proie à une angoisse inexprimable. — Quelle nouvelle ?

— Le désistement des poursuites dont vous étiez l'objet, monsieur, — répond le jeune homme. — Je sors du palais de justice ; le juge d'instruction m'a remis cette lettre pour vous.

Le duc de Sénancourt, croyant à peine à ce qu'il entend, prend vivement la lettre que lui remet Louis Morel, et lit haut d'une voix palpitante :

« Après le désistement des porteurs de la plainte, et sur
» tout en suite des explications satisfaisantes et des preu-
» ves convaincantes données par des hommes aussi hono-
» rables que M. le docteur Max et M. Louis Morel, je m'em-
» presse d'annoncer à M. le duc de Sénancourt qu'il peut
» se dispenser de se rendre dans mon cabinet, et consi-
» dérer cette fâcheuse affaire comme terminée. »

A peine monsieur de Sénancourt a-t-il achevé la lecture de cette lettre, que la duchesse et lui, sans prononcer une parole, se jettent dans les bras l'un de l'autre, cédant à un mouvement spontané. Leurs étreintes, leurs exclamations, leurs larmes de joie, causent à Louis Morel la plus douce émotion ; cependant il se dit avec une tristesse amère :

— Seuls, ma sœur et moi, nous serons malheureux en ce jour !

XI

Le duc de Sénancourt, après s'être livré, ainsi que sa mère, à l'expansion d'un bonheur inespéré, se retourne vers Louis Morel et s'écrie avec effusion :

— Mon ami ! mon sauveur !

— J'ai accompli mon devoir d'honnête homme, monsieur, — répond Louis Morel digne et simple ; — je vous ai défendu contre une indigne calomnie !

— Ah ! monsieur Louis Morel, — ajoute la grande dame dont le visage vénérable est encore baigné de pleurs, — mes larmes seront plus éloquentes que mes paroles... vous avez sauvé l'honneur de mon fils ! Comment pourrons-nous jamais acquitter cette dette ? Que les bénédictions du ciel vous protégent !

— Mon ami, — s'écrie M. de Sénancourt, — ma vie entière ne suffira pas à... Mais pardon... je veux connaître toute l'étendue des services dont je vous suis redevable ainsi qu'au docteur Max. Par quels moyens avez-vous pu obtenir le désistement de la plainte de ces misérables ?

— Hier soir, j'appris les bruits répandus sur votre malheureuse entreprise des tabacs de Constantine. L'un de mes amis, déjà dupe de M. Coquard, dont j'ignorais la détestable réputation, sans quoi je vous eusse dès longtemps, monsieur, édifié à son sujet; l'un de mes amis, dis-je, par les renseignemens précis qu'il me donna, ne me laissa aucun doute sur l'infâme manœuvre dont vous deviez être victime. Je me suis rendu ce matin chez l'un de ces fripons, nommé Loubin. Quoiqu'il eût déjà déposé sa plainte, je lui parlai, monsieur, un langage que votre inexpérience des affaires ne vous avait pas permis de faire entendre à ce misérable ; je lui prouvai nettement que sans doute il pouvait vous perdre, mais que sa coquinerie et celle de ses complices seraient dévoilées. Enfin, moyennant une transaction, j'obtins de lui un désistement de sa plainte, et je lui fis rédiger cet acte de telle sorte qu'il rendait un hommage éclatant à votre parfaite loyauté. Muni de cette pièce, je me rends en hâte chez le juge d'instruction. Il était, grâce à un heureux hasard, l'un de mes compagnons d'enfance ; j'espérais faire valoir près de lui nos anciennes relations, à l'appui de la bonté de votre cause. En traversant la place du Palais-de-Justice, je rencontre le docteur Max. Il venait d'être entendu par le tribunal criminel sur une question de médecine légale; je crus pouvoir, sans indiscrétion, monsieur, — ajoute Louis Morel s'adressant au duc de Sénancourt,— et sachant dans quelle estime vous tient le docteur, l'instruire des indignités dont vous étiez l'objet, et de mon espoir de les déjouer en invoquant l'impartialité du magistrat, que je lui nommai. Le docteur Max m'interrompt et me demande : — Connaissez-vous ce magistrat ? — Je ne l'ai pas vu depuis longtemps, mais il était mon ami d'enfance, répondis-je au docteur. — Malgré cette amitié d'enfance, me dit-il, votre espérance pourrait être déçue, car il est aussi sévère que juste. Je vais vous accompagner ; je vous attendrai dans l'antichambre du cabinet de notre magistrat; si vous n'obtenez pas ce que vous désirez, venez m'avertir.

— Les craintes de notre ami se sont-elles réalisées ? — demande la duchesse douairière à Louis Morel. — Avez-vous eu besoin de son concours ?

— Oui, madame.

— Ainsi, mon ami, ce magistrat était déjà prévenu contre moi ?

— Non pas précisément, monsieur ; mais après m'avoir attentivement écouté, il m'assura que les éclaircissemens que je lui donnais au sujet de cette fâcheuse affaire laissaient encore du doute dans son esprit sur la nature de votre coopération. Il ajouta, en conséquence, que la justice devait avoir son cours, et, malgré mes instances, il maintint la nécessité de votre comparution devant le tribunal correctionnel.

— Alors, monsieur Morel, — reprit la grande dame, — vous avez dû réclamer l'intervention de notre vieil ami?

— En effet, madame, et sans aucunement ajouter foi aux bruits étranges et absurdes qui ont valu au docteur Max le surnom du DIABLE-MÉDECIN, j'ai été fort surpris de ce dont j'ai été témoin.

— Ce diable de docteur fait et fera toujours des siennes, — reprend la duchesse douairière en souriant. — Que s'est-il donc passé, monsieur Morel?

— En sortant du cabinet du juge d'instruction, j'avouai au docteur Max le mauvais succès de ma démarche; il se mit à rire de son rire sardonique et me dit : — « Rentrons;
» je vous réponds du gain de votre cause; mais ne me
» croyez point pour cela *le docteur Méphistophélès.* »

— Quel homme bizarre que ce cher docteur ! — reprend le duc de Sénancourt. — Et comment a-t-il obtenu ce qu'on vous avait refusé?

— Lorsque je rentrai dans le cabinet du juge d'instruction, je remarquai son extrême émotion à la vue du docteur Max, qu'il accueillit avec autant de déférence et de joie que de dignité, lui demandant ce qu'il souhaitait. — « Monsieur de Sénancourt est le plus honnête hom-
» me que je connaisse, — répondit le docteur, — et j'ai trop de
» confiance, monsieur, dans votre équité, dans vos lumières,
» pour ne pas être certain que vous abandonnerez des pour-
» suites intentées par des fripons contre leur dupe. » — Le magistrat répliqua de même à notre vieil ami que la jus-

tice devait avoir son cours, mais qu'il était toujours prêt à entendre toute explication de nature à éclairer sa religion

— « Permettez-moi donc, mon cher client, reprit le docteur Max, — d'invoquer le souvenir des services rendus, et de vous supplier, au nom de ces souvenirs, de vouloir bien entendre de nouveau monsieur Louis Morel au sujet de l'affaire en question ; il a peut-être omis quelques particularités, faute desquelles vous n'avez pas été suffisamment éclairé sur la cause qu'il plaidait auprès de vous. » — Cédant au désir de notre ami, — poursuit Louis Morel, — je réitérai donc mes explications précédentes, en y ajoutant quelques faits sur la fourberie notoire de monsieur Coquard et consorts. Le magistrat parut très frappé de la valeur de ces nouveaux renseignemens, et me dit avec un accent de reproche : « — Que ne m'avez-vous d'abord donné ces importants détails ? Il est évident maintenant que la justice deviendrait complice de pareils misérables en appuyant leurs poursuites. » — Aussitôt le magistrat a écrit et m'a remis la lettre que j'ai eu, monsieur, l'honneur de vous apporter.

M. de Sénancourt et sa mère se regardent un moment en silence, tous deux fort surpris et surtout profondément reconnaissans de cette nouvelle *diablerie* du docteur Max.

— Vous le voyez, monsieur, — reprend Louis Morel, — c'est surtout au docteur Max que vous devez l'heureux résultat de la démarche que j'avais d'abord vainement tentée. L'influence décisive qu'il a exercée sur l'esprit de l'honorable magistrat a sa source légitime dans le profond sentiment de reconnaissance qu'il lui a inspiré. C'est à ses soins, à son dévouement, à sa science si rarement en défaut, que la femme et la fille de ce juge ont dû la vie il y a quelques années.

— Ah! monsieur Morel, je n'oublierai jamais cette preuve de l'attachement que nous porte notre vieil ami, — répond la duchesse douairière ; — mais de cette démarche vous avez eu l'initiative, et notre gratitude envers vous n'en sera pas moins grande et éternelle.

— Puis, j'y songe, — ajoute le duc de Sénancourt, — le désistement que vous avez obtenu de ces misérables, vous n'avez pu le leur arracher, mon cher Morel, qu'au prix d'une somme considérable? Ils me demandaient cent mille écus!

— J'avais reconnu, monsieur, la nécessité où vous vous trouviez de vous résigner à un sacrifice afin d'étouffer cette scandaleuse affaire ; mais il a été beaucoup moindre que vous ne le supposez. Vous aviez bien voulu placer des fonds dans mon usine... nous compterons plus tard, — répond Louis Morel, et, s'inclinant devant la douairière, il fait un pas pour sortir en disant au duc :—Adieu, monsieur.

— Quoi! vous nous quittez? — reprend tristement monsieur de Sénancourt. — Ah! mon ami, l'expression de notre reconnaissance vous est-elle donc à charge?

— Monsieur...

— Mon fils, — dit la grande dame d'un ton pénétré, — c'est avec le cœur que l'on acquitte... si l'on peut jamais les acquitter... les dettes de cœur. Le parent le plus dévoué, le plus tendre, le plus jaloux de l'honneur de votre nom, n'eût pas fait pour vous davantage que monsieur Louis Morel.

— Oh ! non, ma mère !

— Nous devons donc désormais, au nom de notre gratitude éternelle, aimer, honorer monsieur Morel comme s'il était membre de notre famille. Or, m'est avis que les mariages de famille sont...

— Ma mère, n'achevez pas : vous prévenez ma pensée Laissez-moi l'honneur, le bonheur de dire cette fois à notre ami, non plus sous la forme d'un vœu, mais d'une certitude : « Mon cher Morel (et le duc tend cordialement la main au jeune homme), je suis heureux, je suis fier d'avoir pour gendre et pour belle-fille vous et votre charmante sœur. »

— Qu'entends-je ? Ah ! monsieur ! vous comblez les plus chers désirs de mon cœur !... Et cependant je ne sais si je peux, si je dois maintenant accepter cette offre.

— Mon ami, vous refuseriez ?

— Mon fils, la délicatesse de monsieur Morel égale sa générosité. Il craint que la preuve de dévoûment qu'il vient de vous donner ne vous paraisse, après votre refus d'hier, peut-être intéressée ?

— Je l'avoue, madame, — répond Louis Morel avec dignité, — il me serait cruel... bien cruel de penser que le service que j'ai été trop heureux de rendre à monsieur de Senancourt pût être jamais entaché du plus léger soupçon d'arrière-pensée personnelle.

— Et moi dont la parole n'est point douteuse, monsieur Morel, — dit la duchesse douairière, — j'affirme votre désintéressement.

— Qui pourrait en douter, grand Dieu ! ma bonne mère ?

— J'ajouterai que, quant à moi, je n'avais pas attendu la circonstance qui nous rend à jamais vos obligés, monsieur Morel, pour approuver... (à un certain point de vue, s'entend... ma franchise m'impose cette réserve)... pour approuver, dis-je, et me résoudre à appuyer vos projets de mariage.

— Il serait vrai, madame?

— Tenez, — répond la douairière en apercevant Tancrède et Valentine au seuil de la porte du salon, et hésitant à y entrer, — tenez, voici les chers témoins de ma résolution, un peu désespérée... je l'avoue. — Et s'adressant aux deux jeunes gens, — Approchez mes enfans.

XII

Mademoiselle de Sénancourt et Tancrède, toujours inquiets de la tristesse dont ils ont, peu de temps auparavant, surpris l'expression sur les traits de leur père, s'empressent d'accourir à la voix de leur aïeule, et celle-ci leur dit :

— Embrassez d'abord votre père; vos caresses lui seront douces.

— Oh! bien douces! — s'écrie monsieur de Sénancourt, et, dans son émotion profonde, il tend les bras à ses enfans, et les embrassant avec un redoublement de tendresse : — Ah! je n'ai jamais mieux senti combien je vous aime!

— Quel bonheur, père! — dit Valentine, — tu ne sembles plus attristé comme ce matin?

7.

— Mon père, — ajoute Tancrède, — la joie rayonne sur ton visage.

— Oui, oui, la joie rayonne sur mon visage, dans mon cœur, et bientôt vous aussi...

— Mes enfans, — reprend la duchesse douairière en interrompant monsieur de Sénancourt, — dites-moi : lorsque ce matin vous m'avez écrit afin de me confier votre chagrin, à l'endroit du refus de mon fils au sujet de votre double mariage, que vous ai-je conseillé ?

— Grand'maman, — répond naïvement Valentine, — vous m'avez conseillé d'entrer au couvent, ainsi que cela se faisait autrefois, afin de rester fidèle au sentiment de mon cœur et de ne pas désobéir à mon père.

— Ma grand'mère m'a conseillé de m'engager soldat en Afrique, — ajoute Tancrède en soupirant. — Je devais rester célibataire puisque l'on ne pouvait plus, ainsi qu'au temps jadis, prononcer des vœux de célibat éternel en entrant dans l'ordre de Malte, et aller combattre les Sarrasins sur les galères du roi.

— Et de vrai, — reprend la douairière en souriant, — et de vrai, vous ne m'avez point paru goûter du tout, mais du tout, mes enfans, ces conseils de renoncemens résignés ou chevaleresques à la mode du temps jadis... Aussi, que vous ai-je dit ensuite, à propos du refus que monsieur votre père opposait à vos projets de mariage ?

— Grand'maman, — répond Valentine avec embarras, — je n'ose...

— J'oserai donc, moi, prendre la responsabilité de mes paroles, car je suis Saint-Jean bouche d'or, et je répéterai en substance devant monsieur Morel et devant mon fils (il est bon qu'il entende ces vérités) ce que je vous ai dit tantôt mes enfans : à savoir qu'il me semblait au moins étrange que monsieur le duc de Sénancourt, devenu lui-même industriel, tout ce qu'il y a de plus industriel... voulût se retrancher dans la dignité de son rang, qui n'était plus que de la vanité... pour décliner les offres d'un autre industriel, monsieur Louis Morel, jeune homme parfaitement honorable, éminemment distingué; d'où je concluais que je pousserais de toutes mes forces à votre mariage.

— En effet, grand'maman, — reprend Valentine en jetant un regard timide sur Louis Morel, — telles ont été vos paroles.

— Oui, — ajoute Tancrède étouffant un soupir, — et ces paroles nous avaient donné beaucoup d'espoir.

— Vous le voyez, monsieur Morel, — reprend la duchesse douairière, — dès avant la preuve du touchant dévoûment que vous avez témoigné à mon fils, son refus me semblait injuste, et, de plus, fort illogique. Je n'irai point cependant jusqu'à vous dire que, malgré la logique, malgré vos mérites et ceux de mademoiselle votre sœur, ces mariages-là ne froissaient pas en moi et très au vif des idées que jamais je ne laisserai confondre avec des préjugés, non jamais ! Que voulez-vous, monsieur Morel, je suis une vieille femme des anciens temps, élevée dans certains principes, toujours, selon moi, respectables, et fidèle à des convictions dont je m'honore et qui se sont enracinées avec l'âge. Mais aussi, vous me croirez, monsieur Morel, lorsque j'ajouterai qu'à cette heure... et vous comprenez ma pensée, n'est-ce pas ? — ajoute la grande dame en adressant au jeune homme un coup d'œil expressif, — qu'à cette heure, dis-je, j'éprouve une profonde satisfaction de votre mariage avec ma petite-fille, et de celui de mademoiselle Morel avec mon petit-fils.

— Comment, grand'maman! — balbutie Valentine troublée, ravie et pouvant à peine croire à ce qu'elle entend, — notre mariage? Mon Dieu! pouvons-nous espérer...?

— Mon père, — s'écrie Tancrède non moins ravi et troublé que sa sœur, — vous consentiriez?

— Oui, mes enfans, — répond le duc de Sénancourt avec effusion, — je consens à ce mariage; il est ma joie, mon espoir; je suis certain d'avance du consentement de votre mère, à qui j'écrirai aujourd'hui. Me pardonnez-vous les quelques momens de chagrin que je vous ai causés? — Puis, tendant la main à Louis Morel, — Me pardonnez-vous aussi mon premier refus, mon ami?

— Ah! monsieur, — répond Louis Morel profondément ému, — ma sœur et moi nous vous devrons le bonheur de notre avenir!

Dupont entre en ce moment, précédant et annonçant le docteur Max. Puis le bon vieux serviteur reste à l'écart, se disant d'un ton piteux:

— Je n'ose envisager ma marraine. Elle m'a appelé noir animal! elle n'avait jamais été jusque-là. Cette scélérate de Boyer est cause de mon affront!

XIII

Monsieur de Sénancourt et sa mère ont fait vivement quelques pas à la rencontre du docteur Max. Il peut lire sur les visages de la grande dame et de son fils l'expression d'une reconnaissance ineffable. Le duc prend la main du médecin et lui dit à demi-voix, de crainte d'être entendu de ses enfans :

— Vous m'avez sauvé l'honneur

— Ah ! mon vieil ami ! — ajoute la duchesse attendrie, — sans vous, sans monsieur Louis Morel, je succombais à ce coup affreux !

— De grâce ! madame, parlez plus bas, — dit le docteur Max, — votre petit-fils et votre petite-fille pourraient vous entendre.

— Oui, mon cher docteur, nous retournons à Sénancourt, — reprend tout haut la grande dame, feignant de continuer l'entretien commencé à voix basse, et, se rapprochant de Valentine et de Tancrède : — J'emmène avec moi mon fils et mes petits enfans. J'ai suivi, je l'espère, votre ordonnance de point en point?

— A merveille, madame la duchesse, — répond le docteur Max, — la cure sera complète...

— Et afin de vous assurer de sa durée, mon cher docteur, vous abandonnerez vos malades pendant quarante-huit heures, — ajoute monsieur de Sénancourt ; — vous viendrez assister au mariage de mes enfans. Valentine épouse mon excellent ami Louis Morel, et sa charmante sœur s'unit à Tancrède. Je renonce pour toujours... oh! oui, pour toujours, aux affaires industrielles! Mon cher gendre voudra bien rester quelques jours à Paris afin de se charger de ma liquidation et attendre le retour de ma femme, qu'il ramènera nous rejoindre à Sénancourt.

— Bravo! Fuyez, fuyez tous, et bien vite! —reprend le médecin; — l'épidémie régnante redouble d'intensité!

— Hélas! docteur, à qui le dites-vous? — répond la douairière en montrant Dupont qui se tient piteusement près de la porte. — Est-ce que ce bonhomme que vous voyez là, et il est, par parenthèse, encore plus fidèle, encore plus honnête, encore plus dévoué qu'il n'est bête... ce qui, certes, n'est point peu dire et fait suffisamment l'éloge de son cœur...

— Ah! madame la duchesse! — dit Dupont avec un modeste embarras et saluant jusqu'à terre; — ah! madame, votre vieux serviteur est confus de vos bontés. — Puis le bonhomme se dit avec joie et les yeux humides : — Ma marraine m'a pardonné!

— Oui, docteur, — reprend la duchesse, — le croiriez-vous? mon vieux Dupont, en moins de vingt-quatre heures, était déjà affolé comme les autres! Ce spéculateur novice, et surtout bien avisé, avait entrepris de me réclamer ses économies, afin de...

— Oh! ma marraine! — s'écrie Dupont implorant, honteux et confus,— pour l'amour de Dieu, ayez pitié de votre pauvre fillot!

— Allons, soit, et envoie mon courrier commander tout de suite six chevaux de poste pour ma berline. N'oublie pas de réclamer aux gens de mon fils les toiles des portraits de monsieur le maréchal Tancrède et du duc Gaston. Pauvres aïeux! nous les emmenons avec nous. Il y a place pour eux dans les antiques salles du château de Sénancourt. Leurs grandes et vénérables images tressailleront d'aise en se retrouvant dans le berceau féodal de leur race guerrière.

— Je vas vite commander les chevaux de poste, — dit Dupont en sortant. — Que le diable emporte Paris, et la Boyer par-dessus le marché!

XIV.

— Avant votre départ, monsieur, — dit le docteur Max en jetant un regard significatif au duc de Sénancourt, — convenez que ce sont de fiers coquins que les Coquard!

— Hélas! vous n'avez que trop raison, mon vieil ami.

— Quoi! mon père, vous êtes enfin édifié sur le compte de cet homme? — dit vivement Tancrède. — Ah! que de fois j'ai eu, au sujet de ce monsieur Coquard, la vérité sur mes lèvres! Mais je craignais de vous blesser.

— Nous avons eu aujourd'hui, mon ami, la preuve flagrante de la friponnerie de ce misérable, — répond monsieur de Sénancourt. — Aussi, n'étant pas de force à lutter contre les Coquards, j'ai résolu de renoncer aux spéculations et d'aller vivre à Sénancourt avec ma bonne mère, et vous, mes enfans.

— Cette résolution est sage, monsieur, — dit le docteur Max, — et il en ressort une petite moralité que je développerais en deux mots, si madame la duchesse le permettait.

— Parlez, cher et bon docteur,— reprend la grande dame; — vous nous avez prouvé une fois de plus que vous êtes le médecin de l'âme autant que du corps.

— Je prendrai donc, madame, la liberté de dire aux riches grands seigneurs : « Vivez dans vos terres, puisque le hasard de la naissance et de la fortune vous a donné des terres : là vous serez à l'abri de l'épidémie régnante ; puis, d'ailleurs, à part même les cruelles déconvenues auxquelles vous expose votre inexpérience de ces spéculations, où vous cherchez un trop prompt accroissement de richesse, ces spéculations ne sont point votre fait; elles demandent une éducation, des connaissances, des aptitudes et surtout des habitudes spéciales. Il y a discordance complète entre les rapports familiers que l'industrie exige de ceux qui s'y livrent et vos traditions aristocratiques ; vous les dissimulez toujours sans pouvoir y renoncer jamais ; tôt ou tard vient l'heure où, malgré vous, le patricien, perçant sous l'industriel, blesse à bon droit ceux-là qui doivent se croire envers vous sur le pied d'une égalité parfaite. Forcément alors s'éveillent en eux des sentimens hostiles, souvent funestes à vos intérêts. Enfin, cette sorte d'hypocrisie égalitaire, que le désir du gain vous impose, est malsaine; toutes les hypocrisies altèrent peu à peu la pureté native de l'âme. Voulez-vous, au contraire, riches grands seigneurs, employer dignement, utilement, vos loisirs, et vous enrichir encore? Vivez dans vos terres! vivez dans vos terres! Consacrez vos revenus à encourager, à développer l'agriculture, cette mère nourricière du pays! Soyez par l'exemple les éducateurs agricoles de vos contrées! Importez les premiers, à grand frais, s'il le faut, et appliquez sur une vaste échelle les magnifiques découvertes dues à la science agronomique moderne. Vos voisins profiteront de vos expériences! la routine fera place au savoir, l'aisance au malaise! Que pas une lande de vos possessions ne reste en friche! Donnez aux déshérités qui vous entourent, non une dégradante aumône, mais le noble pain du salaire, honnêtement gagné; ces déshérités, moralisez-les, élevez-les, dignifiez-les par l'instruction; au nom de la divine raison, reconnaissez leurs droits à largement participer, en retour de leur travail, aux fruits de cette terre qu'ils fertilisent. Ce sera de votre part une bonne action, je dirai mieux, un acte de justice. Oui, madame la duchesse, ajoute le docteur Max, répondant à un mouvement de la grande dame, — j'ai dit un acte de justice... car, ne l'oubliez jamais, tour à tour esclaves, serfs ou vassaux de vos familles depuis la conquête de la Gaule, les pères des paysans d'aujourd'hui ont pendant des siècles fécondé de leurs rudes labeurs vos domaines héréditaires! Ces labeurs forcés, écrasans, sans rémunération pour le vassal, productifs pour le seigneur seul, représentent à cette heure une somme énorme, enfouie dans vos terres, à savoir le salaire impayé, ou tout au moins incomplétement payé, de plus de vingt générations mortes pour vos aïeux à la peine! Ne devez-vous donc aucune gratitude aux fils de ces générations serves, affranchies par notre immortelle révolution?

— Ah! l'abominable jacobin de docteur! Voyez comme en tapinois il arrive à son but! — s'écrie la grande dame avec un accent de colère comique. — L'on a fièrement raison de l'appeler le *Diable-médecin*, car il mourra dans l'impénitence finale. Il me semble entendre son père le conventionnel... un régicide... un monstre ! et pourtant il faut l'avouer, au demeurant, grand homme de bien! Comprenne ceci qui pourra !

— Ayons mutuellement l'indulgence que l'on se doit entre vaincus, madame la duchesse !—reprend le docteur Max en souriant de ce sourire triste et sardonique qui souvent effleurait ses lèvres.—Restons donc fidèles, vous, à vos traditions monarchiques, moi, à mes traditions démocratiques ; réfugions-nous, moi, dans l'avenir, vous, madame, dans le passé ; mais, croyez-moi, consolons-nous, reconfortons-nous, en cherchant, en appréciant ce qu'il y a de beau, de bon, de bien, dans le présent. Après tout, le présent, malgré de trop nombreux exemples, n'est point absolument incarné dans les *Coquards*, les *Loubins*, les *Bezuchets* et autres pléiades d'affreux coquins. Et puis enfin, les plus horribles pestes n'ont qu'un temps. L'épidémie actuelle a épargné bon nombre de *Louis Morels!* Que cette conviction nous donne confiance et espoir, à nous tous, honnêtes gens ; la fièvre d'or s'usera, passera comme a passé le choléra ! Le mal, dans la vie éternellement progressive de l'humanité, n'est qu'un accident; le bien, le juste, le vrai, le droit, sont immortels. Les astres, après leur éclipse, semblent rayonner plus splendides encore. Mais, — reprend en souriant le docteur Max, — afin de descendre de mon empirée sans risquer de me casser le cou par une transition trop brusque, j'ajouterai : Bien des cœurs étaient ici, ce matin, assombris, désespérés ; n'a-t-il pas suffi du rayonnement d'un acte honnête et juste pour les épanouir ? Et maintenant, que l'assistance veuille bien me pardonner mon interminable sermon !

— Il ne sera pas stérile, mon cher docteur, — répond monsieur de Sénancourt. — Mon fils et moi, nous devenons, ainsi que disent les Anglais, *gentilshommes-fermiers*. Nous ferons valoir les terres de ma mère et d'autres que nous achèterons, afin d'agrandir encore Sénancourt.

— Et moi, — reprend la grande dame, — tout en continuant d'exécrer ce jacobin de docteur Méphistophélès, mais afin de ne point me séparer de mes petits enfans, je m'élève à l'héroïsme. Je propose à notre ami Louis Morel la ferme de Mareuil pour établir son... son usine... hé bien, oui, le gros mot est lâché ! pour établir, dis-je, son usine aux lieu et place de cette abominable fabrique de sucre et de rogomme projetée par mon fils, s'il veut et s'il peut y renoncer.

— Vous en doutez, ma mère ? Notre ami Louis Morel consent à se charger de la liquidation de mes affaires ; il trouvera, je l'espère, le moyen de désintéresser mes associés. Je lui donne plein pouvoir. Reste à savoir s'il peut transporter son usine à Sénancourt.

— Rien de plus facile, monsieur, — répond Louis Morel. — L'extension que prend mon exploitation m'oblige à choisir un local beaucoup plus vaste que celui que j'occupe aux portes de Paris, et cette proximité n'est nullement indispensable à mon établissement ; ses produits seront, d'ailleurs, aisément expédiés, grâce au chemin de fer qui passe à Sénancourt.

— Le chemin de fer ! — s'écrie la grande dame. — Ah ! vous renouvelez mes douleurs, mon pauvre monsieur Morel ! Ce maudit chemin de fer a coupé en deux mon beau parc planté par Lenôtre ! Enfin... les cris joyeux des enfans de mes arrière-petits enfans m'empêcheront peut-être d'entendre le grincement de ces infernales machines, qui, en traversant mon malheureux parc, semblent siffler pour me narguer, et me dire : « C'est fini des anciens temps ! » Mais, ainsi que le prétend ce diable de docteur, des gens comme vous, monsieur Morel, réconcilient avec le présent.

— Ah ! madame, — reprend Louis Morel d'un ton respectueux et pénétré, — s'il était possible de juger le passé d'après vous, combien vous le feriez regretter, bénir et vénérer !

— Les chevaux que madame la duchesse a commandés sont dans la cour, — dit Dupont du seuil de la porte, et il ajoute tout bas : — Enfin, nous quittons ce maudit Paris, où, par la faute de cette scélérate de Boyer, ma bonne marraine m'a traité de noir animal !... J'ai encore ces mots sur le cœur !

— Vite, vite, mes enfans ! — dit la duchesse douairière, — faites en hâte vos préparatifs de départ, et fouette postillon pour Sénancourt ! — Puis, tendant la main au docteur, la grande dame ajoute avec émotion : — Adieu, bon et vieil ami ! mais au revoir ; vous assisterez au mariage de mes petits enfans, vous leur porterez bonheur, car, après tout, vous êtes bien le meilleur diable qu'il y ait au monde !

— Que le bon Dieu vous entende ! madame la duchesse, — répond en souriant le DIABLE-MÉDECIN.

Et contemplant d'un regard attendri cette heureuse famille, le docteur se dit :

— La cure est complète ! Bon voyage aux bonnes gens !

FIN DE LA GRANDE DAME

HENRIETTE DUMESNIL

I

Madame Honorine Dumesnil, agée de quarante-cinq ans et mère d'une fille touchant à sa quinzième année, était, quelque temps avant l'époque où commence ce récit, devenue veuve de M. le docteur Dumesnil, médecin de renom, grand homme de bien, mais froid, peu expansif, et toujours profondément absorbé par la science, exigeant dans sa maison une économie sévère et cependant raisonnable ; il ne fréquentait aucune société, se couchait à huit heures du soir, parce que presque chaque nuit il allumait sa lampe à trois heures du matin, afin de lire, de méditer les livres nouvellement publiés sur l'art de guérir, et de se tenir toujours ainsi au niveau du progrès des connaissances médicales. Il consacrait ses nuits à ses études, ne pouvant y employer ses journées, occupées par ses visites à une nombreuse clientèle ou par ses consultations.

Le docteur Dumesnil avait toujours beaucoup imposé à sa femme et à sa fille ; cependant, malgré la crainte qu'il leur inspirait, elles l'aimaient, le respectaient : elles le savaient pénétré de ses devoirs de père et de mari ; mais de ses devoirs réels et non de ces devoirs très-contestables en vertu desquels il aurait dû, après une journée de labeur et de fatigues, sacrifier son repos du soir, ses études nocturnes aux plaisirs de sa femme et de sa fille, et les conduire au spectacle ou au bal. Selon le défunt docteur, ces condescendances restaient complétement en dehors des véritables devoirs du père de famille ; il pensait qu'une honnête femme devait résolûment accepter la privation des plaisirs mondains lorsque son mari lui donnait l'exemple de ce renoncement. Sans discuter ici la théorie conjugale du docteur, nous constaterons seulement ses résultats, en ajoutant que sa veuve s'était mortellement ennuyée pendant tout le temps de son mariage.

Madame veuve Dumesnil, *très-bonne femme* d'ailleurs, dans toute l'acception du mot, remplie de tendresse pour sa fille, de dévouement pour son mari, douce, timide, de mœurs irréprochables, mais d'une extrême faiblesse de caractère et d'une intelligence assez bornée, manquait de la fermeté d'esprit nécessaire à la sage direction de la vie lorsque l'on se trouve livré à soi-même. La veuve avait des défauts inoffensifs ; frivole dans ses goûts, d'une indulgence qui touchait à la tolérance du mal, incapable d'une juste sévérité, très-portée à la dissipation, entendant peu à la bonne gérance du ménage, sa maison eût été complétement désordonnée sans l'incessante surveillance, l'inébranlable volonté de son mari, qui avait toujours su maintenir ses dépenses dans des limites raisonnables.

Ces antécédents établis, l'on comprendra facilement que madame Dumesnil ne fût point absolument une veuve inconsolable; néanmoins, dans l'excellence de son cœur, elle regretta sincèrement, pieusement son mari, pendant les premiers temps de son veuvage, ayant plutôt l'instinct que la conscience raisonnée de la haute valeur morale de l'homme qu'elle avait perdu, lui rendant d'ailleurs un rétrospectif et loyal hommage, s'avouant que, si inflexible qu'il se montrât, au sujet des vaines prodigalités ou du gaspillage, il allait toujours au-devant des désirs de sa femme et de sa fille, pourvu qu'ils fussent raisonnables. Elle s'avouait encore que jamais elle n'avait eu à reprocher à son mari, non-seulement un procédé blessant, mais le plus léger manque d'égards ; reconnaissant enfin que s'il se montrait inébranlable dans ses volontés, elles s'appuyaient toujours sur un principe de droiture, de justice, et se formulaient d'habitude en des termes remplis de bienveillance.

La veuve, en rendant ainsi hommage à la mémoire du défunt, entrevit cependant bientôt, à travers ses crêpes de deuil, une existence complétement différente de celle qui, pendant quinze ans, avait été la sienne. Sa fortune personnelle et celle que laissait le docteur s'élevaient environ à cent soixante mille francs, dont la moitié devait, à la majorité de la fille des deux époux, constituer sa dot. Cette enfant, nommé Henriette, atteignait à peine sa quinzième année lorsque son père mourut. Elle était douée d'une remarquable intelligence, et rappelait certains côtés du caractère paternel ; une volonté énergique, un sens droit, une résolution froide, contenue, mais invincible, d'un esprit sérieux pour son âge. Elle possédait, chose assez rare dans le sexe, un courage viril. L'espèce de réserve, sinon de crainte, qui pendant longtemps avait tempéré l'expression de sa tendresse pour son père, dont l'austère gravité lui imposait beaucoup, s'était dissipée à mesure que les années mûrissaient sa raison ; et au moment où elle le perdit, elle commençait à deviner qu'il se fût montré d'un abord moins sévère si, dans l'intérêt de la bonne éducation de sa fille et de l'ordre qu'il voulait voir régner dans sa maison, il n'avait pas cru devoir intimider, refréner sa femme, de qui la faiblesse et le désordre pouvaient entraîner de fâcheuses conséquences ; à la mort du docteur, sa fille éprouva un chagrin profond, réfléchi, et dans son bon sens hâtif, elle envisagea l'avenir avec une vague inquiétude ; connaissant le *laisser-aller*, l'imprévoyance, la légèreté du caractère maternel, elle l'appréciait avec une rectitude de jugement peu commune à son âge ; mais cette juste appréciation, loin d'altérer en rien la tendresse, la vénération filiale d'Henriette, la redoublaient au contraire ; pleine de confiance dans son courage, dans sa résolution de se dévouer utilement à sa mère, elle éprouvait pour elle la compassion touchante que la force ressent pour la faiblesse, de sorte que, par une étrange subversion des devoirs naturels, cette vaillante et sérieuse enfant, à peine âgée de quinze ans, songeait parfois que peut-être viendrait le jour où elle devrait protéger la veuve de son père.

Madame Dumesnil adorait sa fille, devant l'intelligence de qui elle s'inclinait ingénument, s'avouant avec modestie, ou plutôt avec une pointe d'orgueil maternel, que son Henriette était *une fameuse petite tête*, et qu'elle n'avait rien de mieux à faire, elle, sa mère, que de la consulter en toutes choses et de toujours déférer à ses avis : excellente en principe, l'adoration de madame Dumesnil pour sa fille se manifestait souvent par des témoignages plus en faveur de sa générosité que de son bon sens ; ainsi, pour citer un trait entre mille : presque aussitôt après la mort de son mari, elle dépensait cinq à six mille francs, afin de ménager une *surprise* à sa fille, dont elle fit meubler la chambre avec un luxe d'autant plus déraisonnable, qu'il substituait un ruineux superflu à tout le *comfort* désirable ; Henriette n'ayant pas été, ainsi qu'on le pense, prévenue de cette surprise, *gronda* cependant affectueusement sa mère, ainsi qu'elle dut la gronder encore, au sujet de la non moins déraisonnable emplette des magnifiques étoffes de deuil et demi-deuil, acquises par la veuve, afin de rehausser la naissante beauté de sa fille.

II

Le défunt docteur avait, entre autres parents, un cousin d'un degré très-éloigné ; il le voyait rarement et le recevait si froidement, qu'il fallait que ce parent fût doué de la ténacité proverbiale des parasites, ou plus vulgairement des *pique-assiettes*, pour affronter l'humiliation d'un pareil accueil ; le parent se nommait *Stanislas Gabert ;* employé subalterne d'une administration publique, il jouissait parmi certain monde financier, peu raffiné dans le choix de ses plaisirs, d'une réputation de chanteur de romances, auxquelles, afin de désopiler la rate de messieurs et de mesdames de la Banque, très-affriandés de gros sel et de polissonneries, il ajoutait le ragoût de ces chansonnetes comiques, mises en vogue par M. Levassor; une invitation à dîner ou à souper, parfois un prêt de quelques louis, à jamais perdus pour l'amphitryon, payait les divertissements de M. Stanislas Gabert. Le défunt docteur blâmait sévèrement et justement le rôle de bouffon de société accepté par son parent, et sans une sorte de commisération, il lui eût fermé sa porte; les visites de ce parasite étant d'ailleurs assez rares, le docteur se contentait de lui faire sentir, par une réception glaciale, qu'il était très-mal venu, lorsque d'aventure il s'invitait, sans façon, à dîner chez son *docte cousin*, ainsi que disait M. Stanislas Gabert. Celui-ci d'ailleurs payait son écot avec sa monnaie habituelle: romances et chansonnettes comiques; mais seulement alors que le docteur Dumesnil s'était, selon sa coutume, retiré chez lui à huit heures précises; sa femme, sevrée des plaisirs du spectacle, regardait comme des soirées de fête celles où sa solitude était charmée, égayée par les talents de M. Stanislas Gabert. Elle riait aux larmes de ses chansonnettes, lorsqu'il contrefaisait l'*Anglais* ou la *vieille portière*, mais préférait de beaucoup l'entendre roucouler ses romances, d'un ton langoureux, roulant de l'œil, affectant des poses de troubadour *vainqueur*, où se révélait sa parfaite infatuation de lui-même. Henriette assistant avec sa mère à ces récréations ne comprenait rien aux grossiers lazzis et bâillait aux romances de M. Gabert; ce garçon avait à peine trente ans, une figure régulièrement bellâtre, encadrée d'épais favoris noirs, de vives couleurs, les dents blanches, l'oreille rouge, les épaules larges, et enfin toujours pincé, sanglé, cambré dans ses habits quelque peu rapés, il rappelait à la femme du docteur, et elle s'émerveillait de cette ressemblance, ces mannequins de modes servant d'enseigne aux tailleurs ; somme toute, elle trouvait (en *tout bien, tout honneur*, car elle était honnête femme et âgée de quarante ans et plus...), elle trouvait M. Stanislas le plus aimable, le plus beau garçon du monde.

Ces petites soirées chantantes se passaient, nous l'avons dit, en l'absence du docteur, habitué de se retirer chez lui à huit heures précises ; un jour cependant, il ne s'était pas immédiatement mis au lit, et voulant donner un ordre pour le lendemain, il va rejoindre sa femme ; et au moment d'ouvrir la porte du salon, il entend de grands éclats de rire, et écoute... M. Stanislas chantait une espèce de gaudriole très-peu convenable pour les oreilles d'une jeune fille de quatorze ans et demi et même pour une femme de bonne compagnie ; le docteur entra soudain et déclara sévèrement à son cousin qu'il le priait de réserver ses impertinentes bouffonneries pour les lieux où on les tolérait, qu'il manquait grossièrement de respect envers madame Dumesnil et sa fille, en les exposant pour ainsi dire à écouter, *malgré elles*, de pitoyables lazzis et qu'il l'engageait désormais à ne plus mettre les pieds chez lui. M. Stanislas sortit l'oreille basse, et ne reparut plus chez son cousin. Madame Dumesnil, toujours soumise, résignée, n'osa point hasarder mot, au sujet de l'exclusion du chanteur de romances, et se rendit, d'ailleurs très-sincèrement, aux observations de son mari, qui, sans aigreur, sans dureté, mais toujours ferme et persuasif, lui fit comprendre et la fit convenir que leur fille ne devait, à son âge, entendre ni chansons d'amour ni gravelures. Madame Dumesnil reconnut la justesse de ces réflexions, mais n'en regretta pas moins en secret ces rares soirées que ce charmant M. Stanislas Gabert savait rendre si amusantes; enfin l'humiliante expulsion dont il avait été frappé le posait, aux yeux de l'excellente femme, en manière de victime, et plusieurs fois avant son veuvage, elle se disait en soupirant:

— Pauvre monsieur Stanislas!!!

III

Peu de temps après la mort du docteur Dumesnil, un conseil de famille se réunit, afin d'aviser à la nomination du tuteur d'Henriette, alors âgée de quinze ans à peine. Il arrive fréquemment que les membres de la famille convoqués à ces assemblées, d'un intérêt cependant si grave, les regardant comme d'ennuyeuses *corvées*, négligent de s'y rendre. Il en fut ainsi de la première assemblée de famille convoquée pour l'élection du tuteur d'Henriette. Sa mère, arrivée la première dans le salon de la Justice de Paix, n'y trouva d'abord que l'un de ses parents, vieillard bourru, complétement sourd: bientôt arriva, en sa qualité de cousin du défunt, M. Stanislas Gabert, fort exact à la convocation, espérant piquer là quelque dîner. La veuve n'avait pas revu le chanteur de romances depuis son expulsion de chez elle. Elle lui fit l'accueil le plus aimable, le plus empressé, lui rappela ces charmantes et trop rares soirées où elle avait eu le bonheur de jouir de son délicieux talent, soupira en faisant allusion à la gravité des mœurs du défunt, si peu affectionné aux arts, aux artistes ; enfin, elle manifesta l'espoir que M. Stanislas n'oublierait pas sa *vieille* cousine, s'il avait à perdre quelques-uns de ses précieux instants.

IV

M. Stanislas Gabert, absolument dépourvu de sens, et avili par ses bassesses de parasite, eût fait pis que de chanter, que de bouffonner en retour de quelques dîners ou d'un prêt de quelques louis, si la détresse l'eût acculé à l'une de ces extrémités d'où les coquins ne savent sortir que par une voie criminelle ; mais il vivait tant bien que mal de son maigre appointement de quinze cents francs, souvent à moitié saisi par son tailleur ou son bottier, car M. Gabert aimait fort les habits élégants, la bonne chère, le théâtre, le jeu, les femmes, en d'autres termes, une existence dispendieuse et dissipée ; il avait eu, comme il disait, des *bonnes fortunes* ; malgré leur vulgarité, elles enflaient sa vanité outre mesure ; aussi, grâce à son encolure de portefaix, à ses épais favoris, à ses couleurs rubicondes, à ses roulades et à ses gaudrioles, se croyait-il irrésistible ; doué de nombreux et grossiers appétits, ne connaissant en sa conduite ni règle ni mesure, il végétait dans le désordre d'une gêne voisine de la misère ; son métier de commis lui semblait fort au-dessous de ses mérites, et le monsieur trouvait insupportable de se lever à neuf heures, afin de se rendre à son administration, après s'être couché à quatre heures du matin, en revenant de ces belles sociétés dont il faisait l'ornement. Cet impudent sans mœurs, déjà dégradé, riche en mauvais instincts de toutes sortes, poussant la fatuité jusqu'à la plus imbécile outrecuidance, astucieux et tenace, possédait une fourbe hypocrite assez dangereuse. Aussi, à la vue de la veuve du docteur, qui semblait si heureuse de rencontrer ce cher M. Stanislas, il fut illuminé d'une idée subite, ainsi bientôt formulée dans son esprit:

— Mon fesse-Mathieu de cousin a dû laisser une jolie fortune? J'en connaîtrai bientôt le chiffre en ma qualité de membre du conseil de famille. Si le chiffre m'agrée, et, quel qu'il soit, il m'agréera, puisque je ne possède rien, pourquoi n'épouserais-je pas cette bonne grosse mère Dumesnil? Elle approche, il est vrai, de la cinquantaine, mais elle est encore *présentable*... sa chevelure blonde ne grisonne pas; elle a le teint frais, de belles dents, d'assez beaux yeux, la physionomie la plus débonnaire du monde; elle a été façonnée à l'obéissance passive par ce despote de docteur; elle est craintive, sans volonté, sans caractère; elle sera docile, soumise comme un chien bien dressé; elle a dû s'ennuyer à crever pendant son mariage; je ferai miroiter à ses yeux le monde brillant où l'on recherche mon talent de chanteur, et où je lui promettrai de l'introduire; je jouerai de la prunelle; je serai tendre, amoureux, pressant, et c'est bien le diable si je ne séduis pas la grosse veuve... j'en ai séduit bien d'autres, je connais les femmes, roué que je suis! Elle doit posséder sept à huit mille livres de rente, l'on peut doubler, tripler le revenu en entamant le capital, ce dont je suis fort capable:

— je donne, après ma noce, ma démission d'employé; je deviens bourgeois; j'ai bonne maison, bonne table et le reste. C'est dit... Pardieu! je rendrai la veuve folle de moi, et je l'épouserai... Sa fille a quinze ans à peine... elle ne peut être un obstacle à mes projets; que dis-je! O Machiavel que je suis... cette petite fille me servira de marchepied; il faut que je parvienne à me faire nommer son tuteur; cette position me créera des relations incessantes avec la veuve, et plus tard me donnera doublement pied dans la maison.

Donc, voici l'ordre de la marche :

— Je deviendrai d'abord tuteur de la petite fille... puis son beau-père.

Tel est mon plan. Il réussira. Un beau garçon de trente ans a toujours raison d'une bonasse de femme de quarante-cinq à cinquante ans; je connais le sexe!!

V

M. Stanislas Gabert, soudainement résolu de séduire la veuve, se mit à l'œuvre, lors de cette première rencontre dans le salon de la Justice de Paix, où il se trouvait en tiers avec madame Dumesnil et l'un de ses parents sourds; il la chambra près d'une croisée, déploya ses plus belles manières, ses plus belles grâces, rit en montrant ses dents, lissa ses favoris noirs, se cambra, se hancha, mordit la pomme de sa canne, fit les yeux en coulisse, débita des galanteries banales, mais qui avaient pour la bonne veuve le mérite et la fraîcheur de la nouveauté; puis, passant du doux au grave, du plaisant à l'utile, ce gredin posa en homme sérieux, en parent pénétré de ses devoirs, s'exclama sur l'insouciance impardonnable de ces gens qui, convoqués à un conseil de famille, afin d'aviser aux intérêts sacrés d'une mineure, manquaient à cet appel, car la séance dut être, en effet, remise à huitaine, le vieux sourd et M. Gabert s'étant seuls rendus à la réunion.

Madame Dumesnil sortit enchantée, ravie de M. Stanislas, lui fit promettre, à plusieurs reprises, de venir la voir et de prendre jour pour dîner chez elle ; il n'y manqua point, décidé d'ailleurs, afin d'arriver à son but, de mettre à profit la huitaine qui devait s'écouler avant une nouvelle convocation du conseil de famille, et comptant surtout exploiter cette répugnance que beaucoup de personnes manifestent, lorsqu'il s'agit d'accepter les fonctions de tuteur, fonctions délicates, graves, compliquées, dont la responsabilité est extrême aux yeux de ceux-là qui, pénétrés de la touchante solidarité qui doit lier entre eux les membres d'une famille, acceptent et accomplissent dignement cette espèce de *vice-paternité*, dont le bon ou le mauvais user a des résultats si considérables pour l'avenir du pupille ; mais aucun des membres de la famille Dumesnil ne comprenait cette solidarité qui devait les lier entre eux ; le défunt docteur, confiné durant sa vie dans une retraite absolue, ne fréquentait point ses parents qui, au nombre de trois, composaient la majorité du conseil: l'un, M. Gabert ; le second, riche négociant ; le troisième, savant distingué. Ces deux derniers envisagèrent comme une corvée fort ennuyeuse, fort compromettante pour leurs affaires et pour leurs occupations la tutelle dont ils se sentaient menacés ; le négociant voyait ainsi sa fortune engagée en garantie, ses opérations commerciales entravées ; le savant, absorbé par l'étude, supputait la perte de temps irréparable que lui occasionnerait la gestion des biens de sa pupille ; enfin, des deux cousins du côté maternel, l'un était un vieillard sourd, fort égoïste, peu soucieux des intérêts de la mineure ; l'autre, rentier oisif, ne se montrait pas éloigné d'accepter les fonctions de tuteur ; mais M. Stanislas Gabert, mettant à profit la huitaine qui précéda la seconde réunion des parents, se présenta chez eux, et, ainsi qu'on dit vulgairement, les tâta au sujet de la tutelle, les trouva tous, ainsi qu'il s'y attendait (sauf le rentier), plus ou moins réfractaires à cette obligation, et s'offrit généreusement de les remplacer : offre accueillie avec ce vif empressement que l'on met à se décharger sur autrui d'un pesant fardeau ; fort de ces adhésions, M. Gabert se rendit chez madame Dumesnil, lui proposa carrément d'être le tuteur de sa fille ; navré, indigné du refus des autres membres du conseil de famille, il résolut d'être pour sa jeune pupille un second père, — ajouta-t-il en terminant ; et ces mots : — *un second père*... furent accentués d'une sorte de bêlement aussi mélancolique, aussi touchant que celui dont il bêlait le refrain de la fameuse romance : — *Ma bonne mè...è...è...è...re !...*

Madame Dumesnil, attendrie jusqu'aux larmes, remercia M. Stanislas avec l'effusion d'une vive reconnaissance. Cette excellente femme, d'un esprit borné, confiante à l'excès, surtout crédule au bien, ainsi que le sont les honnêtes gens, crut rencontrer le phénix des tuteurs : un digne et charmant jeune homme, réunissant à des qualités solides l'agrément de chanter comme un rossignol, et d'être, lorsqu'il le voulait, d'un comique ébouriffant.

M. Stanislas, chaudement appuyé par la veuve, tacitement poussé par la majorité des parents, enleva la tutelle d'emblée.

Ce premier pas fait, le reste devait aller de soi-même. Le Gabert fit montre d'une astuce assez habile pour arriver à ses fins, mais ne les démasqua que peu à peu. Craignant de compromettre le succès par trop de précipitation, il se tint sur la réserve, tout en s'efforçant d'enamourer la veuve qu'il vit fréquemment, et bientôt chaque jour, sous prétexte des intérêts relatifs à la tutelle, ce drôle ainsi impatronisé dans la maison, où il eut bientôt son couvert mis, se fit tout à tous, obséquieux pour les domestiques, notamment pour une vieille servante, nommée Angélique. Paternellement débonnaire avec Henriette, tendre, coquet avec la veuve, il l'éblouissait de l'énumération des personnes du beau monde qu'il fréquentait ; il *allait* chez des banquiers, chez des agents de change ; il racontait les fêtes, les bals auxquels on le conviait. « — *Mais* » — disait-il en soupirant et lançant à la pauvre madame Dumesnil une œillade discrètement passionnée, « il était seul dans cette brillante société, sans un cœur qui « répondît aux battements du sien, sans une âme sœur de « la sienne, » et autres sottises sentimentales, empruntées à la fade poésie des romances qu'il roucoulait ; il avait toujours eu (ajoutait-il) un goût prononcé pour le mariage, *mais* il était pauvre, il vivait des modiques appointements de son emploi, et, en ce siècle de fer, l'égoïsme bronze tellement les cœurs, qu'un honnête et bon jeune homme, sans un sou vaillant, est regardé avec dédain par ces belles demoiselles, avant tout, jalouses d'épouser une dot équivalente à la leur ; du reste, s'il avait dû se marier, M. Gabert aurait adressé ses hommages à une veuve, parce que, en cette occurrence, les convenances ne s'opposent point à ce que l'on prélude au mariage par des relations amicales et suivies, qui permettent de connaître, d'apprécier le caractère, les goûts de la personne que l'on recherche ; enfin venait ensuite le parallèle obligé entre ces jeunes filles étourdies, légères, sans pratique de la vie, et ces femmes arrivées à la maturité, à la *majesté* de l'âge, dont l'expérience, le sens rassis, l'affection sérieuse, offrent à un homme qui ne se paie point de séduisantes mais décevantes illusions, toutes les garanties de bonheur désirables.

Enfin, le Gabert, surexcité par l'espoir de contracter un riche mariage, trouvant dans son intelligence, ordinairement assez bornée, d'astucieuses ressources dont il s'étonnait lui-même, établissait ainsi la question de la différence des âges ; selon lui, le beau sexe se divisait en deux catégories :

— Les *jeunes femmes*, de dix-huit à trente ans.

— Les *femmes faites*, de trente à cinquante ans.

Or ce drôle n'hésitait point à déclarer que, non-seulement en raison de la solidité, de la maturité de son caractère, la *femme faite* lui semblait moralement de tout point préférable aux jeunes femmes, mais que souvent elle éclipsait leur mièvre joliesse de poupées par son imposante beauté.

Quant aux hommes (toujours d'après la classification

de M. Gabert qui, n'ayant pas trente ans, s'en donnait libéralement trente-six, afin d'atténuer une disproportion d'âge dont la veuve aurait pu s'inquiéter) ; quant aux hommes, celui qui dépassait la trentaine entrait dans la catégorie des *hommes faits*, et à cinquante, dans la catégorie des vieillards. Il s'ensuivait que le Gabert étant un *homme fait* et madame Dumesnil une *femme faite* (elle avait quarante-cinq ans), il existait entre eux, sinon une complète parité d'âge, du moins une parfaite similitude de catégorie ; enfin, ajoutait le fourbe, en manière de péroraison ou de *moralité de la fable* :

« — L'un de ses amis, âgé de trente-sept ans, ayant
« épousé une veuve de quarante-huit ans, leur ménage of-
« frait le *spécimen* du bonheur idéal sur la terre. »

VI

Tout ceci n'était point trop mal accommodé par le Gabert, en raison de la crédulité de la veuve et de l'impression de plus en plus vive qu'il causait sur elle, sentiment dont son outrecuidante fatuité ne s'étonnait nullement, mais dont il épiait attentivement les progrès, afin de choisir le moment où il pourrait lancer son aveu avec certitude de le voir bien accueillir.

Madame Dumesnil, confiante à l'excès, bonne par excellence, éprouvait en effet pour cet homme une inclination croissante ; il se montrait soigneux, prévenant envers elle.

Il la charmait par des galanteries bêtes et surannées, mais qu'elle devait trouver spirituelles et neuves; il lui chantait ses plus amoureuses romances, accompagnées de regards langoureux ou brûlants qui jetaient le trouble dans le cœur de la pauvre créature, femme après tout d'un goût vulgaire, il est vrai, puisqu'elle se montrait sensible aux avantages extérieurs de ce garçon bellâtre ; mais enfin elle le trouvait à son gré. Aussi, lorsque, songeant au langage toujours sérieux, digne, poli, mais parfois sévère, du défunt docteur, à ses traits austères pâlis par l'étude, elle leur comparait la figure rubiconde et juvénile de M. Stanislas, dont l'intarissable loquacité abondait en lazzis, en flagorneries, en galanteries coupées de soupirs discrets, la comparaison demeurait fort à l'avantage du chanteur de romances.

Madame Dumesnil, trop simple, trop modeste pour voir des allusions à son adresse dans les catégories de M. Gabert concernant les *jeunes femmes* et les *femmes faites*, qu'il mettait si au-dessus des premières, se laissait cependant parfois entraîner malgré elle à de vagues espérances qu'elle refrénait bientôt, craignant de se couvrir d'un ridicule atroce, même à ses propres yeux, en s'avouant qu'elle aimait M. Stanislas avec quelque espoir de retour.

Rien de plus ridicule, selon le monde, que l'amour d'une femme de quarante-cinq ans pour un jeune homme; rien au contraire n'est parfois, selon nous, plus digne de compassion qu'un pareil amour, lorsque celle qui l'éprouve cède avant tout à de généreux sentiments. Il en était ainsi de la veuve. M. Gabert avait sollicité par dévouement la tutelle d'Henriette, résolu d'être pour elle un second père;

il lui témoignait une affection presque paternelle ; il se montrait bon, facile à vivre, avenant à tous, désintéressé, pauvre ; il ne rougissait pas de sa pauvreté ; enfin il mettait ces qualités sérieuses qu'il recherchait dans une femme, très au-dessus de la jeunesse et de la beauté. En somme, rien de plus honorable que ces apparences dont la veuve fut complétement dupe. Aussi son penchant pour le fourbe devait être d'autant plus vif qu'il prenait sa source dans des sentiments honorables. Un jour le Gabert se crut assez certain de son empire pour pouvoir annoncer à madame Dumesnil, d'un air navré, qu'à fort grand regret il se voyait obligé, sinon de cesser complétement ses visites, de les rendre du moins provisoirement beaucoup moins fréquentes. Aussi surprise qu'affligée, la veuve, les larmes aux yeux, interrogea le cher M. Stanislas sur la cause de cette résolution inattendue.

— L'on jasait dans le voisinage — répondit-il en soupirant. — On parlait déjà d'un second mariage de madame Dumesnil, et on le désignait, lui, comme le futur époux. Il ne pouvait d'ailleurs plus s'abuser, il aimait profondément madame Dumesnil. Cet amour ne serait jamais sans doute partagé par elle, en raison de la disproportion de leurs fortunes, et M. Gabert comptait sur l'éloignement, sur le temps, pour triompher d'une passion sans espérance, et qui, s'il s'y abandonnait, lui laisserait des regrets éternels.

La bonne et crédule veuve tomba dans le piége, et suffoquée par un aveu si soudain, si imprévu, elle reprocha doucement à M. Stanislas d'avoir cru un moment que sa pauvreté pût être un obstacle à ce mariage ; le seul obstacle qu'elle y avait toujours vu était son âge à elle; mais puisque le cher M. Stanislas affirmait que les *femmes faites*, de trente à cinquante ans, n'offraient pas à ses yeux, physiquement parlant, de différence sensible, et qu'il s'en fallait d'ailleurs de plusieurs années qu'elle eût atteint la fatale limite de la cinquantaine, ce mariage la comblerait de joie et de bonheur... mais n'ignorant pas que souvent les enfants d'un premier lit voient avec répugnance ou chagrin leur mère se remarier, la veuve mettait à son alliance avec M. Stanislas une seule mais inexorable condition : à savoir « le libre et sincère consentement de sa fille Hen« riette, à qui elle sacrifierait mille fois ses projets de ma« riage s'ils devaient coûter une larme, un soupir à cette « enfant bien-aimée... »

VII

M. Gabert, stupéfait de la résolution de madame Dumesnil, décidée de subordonner son mariage à la volonté d'une jeune fille de quinze ans, dissimula ses alarmes, mais crut la réussite de ses projets d'autant plus compromise qu'il n'eut pas le temps d'essayer d'influencer en sa faveur Henriette Dumesnil, auprès de qui sa mère se rendit aussitôt impatiente de connaître sa décision.

— Mon enfant, lui dit tendrement la veuve — ton bonheur doit passer avant le mien; je sacrifierais tout à la crainte de t'affliger; j'ai grande envie de me remarier avec M. Stanislas; tu le connais comme moi; tu sais combien il est aimable et bon; il est ton tuteur; il sera pour toi un second père; il nous conduira dans de belles sociétés où je serais heureuse et fière de te voir briller; notre existence sera aussi amusante qu'elle était monotone et triste du vivant de ton père (soit dit sans offenser sa mémoire). Cependant, chère enfant, si ce mariage te cause la moindre peine, la plus légère contrariété, avoue-le-moi franchement, j'y renoncerai; je me consolerai en pensant que je t'aurai épargné un chagrin; réfléchis là-dessus, demain tu me diras si tu veux ou non que j'épouse M. Stanislas.

Et la veuve laissa sa fille profondément surprise et pensive.

Henriette Dumesnil avait, nous l'avons dit, hérité de son père d'une rare fermeté de caractère, d'un sens droit et d'un esprit sérieux et réfléchi; à ces avantages, elle joignait une bonté parfaite et une extrême douceur de caractère; la jeune fille éprouva d'abord une sorte d'étourdissement, lors de la confidence de la veuve au sujet de ses projets de mariage avec M. Gabert. Il s'était montré pour sa pupille le plus complaisant, le plus débonnaire des tuteurs, cherchant à deviner ce qu'elle pensait, afin de ne se trouver jamais en discord avec elle, tâchant de prévenir ses moindres désirs, lui vantant sans cesse et à dessein les excellentes qualités de madame Dumesnil qu'il entourait d'attentions et de respect; somme toute, M. Stanislas était aux yeux d'Henriette un honnête homme. Cependant, instruite des projets de mariage dont elle devenait l'arbitre, elle fut frappée, presque effrayée de la gravité de l'engagement que sa mère désirait contracter, réfléchit longuement et avec autant de tactique de bon sens, se mit personnellement en dehors de la question, afin de ne la juger qu'au point de vue du bonheur futur de madame Dumesnil.

La première objection qui dut naturellement se présenter à l'esprit d'Henriette, fut la disproportion d'âge existante entre sa mère et M. Gabert; puis, secondairement, la pauvreté relative de M. Stanislas, qui, afin de se rendre intéressant, avait souvent dit devant sa pupille qu'il vivait modestement des faibles appointements de son emploi. Cette objection, en ne se présentant que subsidiairement à l'esprit d'Henriette, trop jeune, trop généreuse pour attacher une grande importance aux intérêts matériels, lui donna néanmoins beaucoup à penser; trop inexpérimentée d'ailleurs pour sonder au delà de l'agréable écorce de notre fourbe, elle se demanda seulement si, en son âme et conscience, sa mère avait tort ou raison de se remarier avec un homme jeune, pauvre, honnête, d'un caractère facile et d'un bon naturel.

La disproportion de l'âge des époux préoccupa surtout Henriette, et en approfondissant cette question, plus par instinct que par connaissance des choses, elle se sentit à chaque instant froissée, blessée dans sa tendresse, dans son respect filial par ses propres réflexions : ainsi, elle se souvenait d'avoir entendu ses compagnes de pension railler le ridicule des personnes âgées qui se mariaient à beaucoup plus jeunes qu'elles : or, sa mère, comparée à M. Stanislas, était vieille; l'on trouverait donc son mariage ridicule; puis, malgré sa candeur, Henriette attachait au mariage certaines vagues idées d'amour romanesque et réciproque... Or, il lui semblait impossible que sa mère pût, à son âge, inspirer de l'amour à M. Stanislas. En ce cas... pourquoi l'épousait-il?

Était-ce donc parce qu'il était pauvre? et qu'elle était riche?

La pensée de cette vilenie révolta la jeune fille, à ce point, qu'elle n'osa presque y arrêter son esprit, n'ayant d'ailleurs aucun motif de croire M. Gabert capable d'un calcul odieux ; et cependant elle pressentait que cette union devait cacher en soi quelque germe funeste, puisqu'en réfléchissant à ce mariage elle soulevait forcément des questions pénibles à sa vénération filiale et blessantes pour la dignité maternelle. Aussi, guidée par l'inspiration de son bon sens plutôt que par le raisonnement approfondi des choses, Henriette, se réservant de supplier sa mère de rester veuve, n'attendit pas au lendemain pour lui faire connaître le résultat de ses réflexions, se rendit chez elle, lui sauta au cou en s'écriant avec un accent de vive tendresse et d'appréhension involontaire :

— Je t'en prie, maman, ne te remarie pas, je t'en prie !

A ces mots, madame Dumesnil pâlit, ne répondit rien, fondit en larmes et embrassa sa fille.

C'était lui dire :

— Tu le veux ? Je resterai veuve.

La résignation de cette douleur muette déchira le cœur d'Henriette, ébranla son courage et amena un revirement dans son esprit. Elle se reprocha de porter à madame Dumesnil un coup cruel, sans autre motif que de vagues pressentiments, au sujet de cette union qui lui était à elle, Henriette, personnellement indifférente, M. Stanislas Gabert lui ayant toujours témoigné de l'intérêt. Elle l'eût accepté pour beau-père sans nulle répugnance, et son cœur lui disait que ce mariage ne pourrait altérer en rien la tendresse de sa mère pour elle. Enfin elle songeait qu'il lui faudrait motiver ses appréhensions, basées surtout sur la disproportion des âges, et dire à la veuve de son père :

— Vous vous couvririez de ridicule, en épousant un homme beaucoup plus jeune que vous.

Jamais Henriette n'aurait osé adresser un pareil outrage à sa mère, en ce moment surtout où elle témoignait d'une si touchante abnégation en se résignant à un renoncement dicté par l'amour maternel. Cependant, malgré sa résolution de complétement rétracter son conseil, Henriette éprouvait un grand embarras à expliquer ce soudain revirement. Elle le crut possible, lorsqu'elle entendit sa mère lui dire en essuyant son visage baigné de pleurs :

— Je n'ai qu'une parole, mon enfant : plutôt mourir que de te causer un seul chagrin. Ce mariage n'aura pas lieu.

— Que veux-tu, bonne mère, — reprit la jeune fille paraissant parfaitement sincère dans ses paroles, — je ne peux m'habituer à la pensée de retourner à la pension !

— Comment? — reprit madame Dumesnil abasourdie, que veux-tu dire? quel rapport y a-t-il entre la pension et ce mariage?

— Mon Dieu... c'est tout simple... si tu te remaries, tu me remettras certainement en pension, ainsi que j'y étais une année avant la mort de mon père.

— Quoi? s'écria madame Dumesnil, d'une voix tremblante de joie. — C'est là... mon Henriette, la seule raison... qui te faisait me supplier de rester veuve?

— Certainement... il me serait trop pénible de me séparer de toi...

— Mais au contraire — s'écria madame Dumesnil, embrassant sa fille avec ivresse. — Comment as-tu supposé un instant, méchante enfant, qu'il me fût possible de vivre loin de toi, alors que je subordonnais mon mariage à ta volonté, de crainte de te causer un chagrin?... Non, non, mon Henriette... nous ne nous quitterons jamais...

— Oh, en ce cas, bonne mère... puisque je suis assurée de rester toujours près de toi, je ne vois... en ce qui me concerne... aucun obstacle à ce mariage...

Madame Dumesnil, dupe de l'innocent mensonge de sa fille, épousa, au terme de son deuil, M. Stanislas Gabert, ainsi devenu tuteur et beau-père d'Henriette Dumesnil.

Ces antécédents posés, entrons dans le vif de notre récit.

VIII

Depuis environ vingt mois, la veuve du docteur Dumesnil avait épousé son cher M. Stanislas. Ils occupaient un bel appartement situé près du boulevard de la Madeleine. Madame Gabert (nous lui donnerons désormais ce nom) avait depuis plusieurs années à son service une vieille servante nommée Angélique; elle la conserva lors de son second mariage. Celle-ci devint la femme de confiance de la maison. C'était une personne maigre, alerte, aux cheveux presque blancs, au regard discret, fin et observateur.

Un jour, vers les trois heures du soir, Angélique entra dans la salle à manger de l'appartement où avait eu lieu, le matin, un déjeuner de garçons, offert par M. Stanislas à ses amis; le désordre de la table, couverte des reliefs du dessert et de nombreuses bouteilles de vin de Champagne, dont plusieurs restaient encore presque remplies, quelques verres à boire et des assiettes brisées, des chaises renversées, annonçaient que le déjeuner avait dégénéré en orgie; ajoutons enfin, qu'une âcre odeur de fumée de tabac imprégnait l'atmosphère de cette salle à manger.

Angélique s'empressa d'ouvrir les fenêtres en disant :

— Ça empeste la tabagie ici... Ah! si défunt monsieur le docteur revenait de l'autre monde... quelle mine il ferait, ce pauvre cher homme! — Et contemplant le désordre de la table, Angélique ajouta : — Quel gaspillage! voilà quatre bouteilles de vin de Champagne débouchées, c'est au plus si l'on a bu un verre de chacune. Cette empérance s'explique... par le vide complet d'une douzaine d'autres... Après tout, qu'est-ce que cela me fait à moi? Est-ce que cela me regarde? J'en ai vu bien d'autres, depuis la mort de feu M. le docteur, et je n'ai soufflé mot... Je tiens à ma place, et n'en trouverais point d'autre, car je suis vieille... Les domestiques qui se mêlent de voir... ce qu'ils ne doivent point voir... qui ouvrent les yeux lorsqu'il faudrait les fermer, payent toujours cher leur imprudence et leur manie de donner des avis à leurs maîtres. Je tiens à conserver ma place ; je garderai donc, comme d'habitude, mes petites observations pour moi... d'ailleurs, à quoi serviraient-elles ? Cette pauvre madame ne les écouterait pas ; elle est bonne comme le bon pain, crédule comme un enfant ; elle se croit toujours en pleine lune de miel, trouve toujours charmant que son M. Stanislas donne deux ou trois fois par semaine des déjeuners de garçons à ses amis. Et ces jours-là, elle sort avec mademoiselle Henriette, afin de laisser la place aux *viveurs*, comme ils s'appellent... A la bonne heure ! Avec ce que coûtent ces déjeuners-là, sans compter le gaspillage qui s'ensuit, la table de la maison eût été défrayée pendant tout le mois, et aussi honorablement que du temps de feu M. le docteur ; mais soit, ça regarde madame. Son M. Stanislas joue gros jeu et perd, dit-on, plus souvent qu'il ne gagne ; il est, de plus, grugé par son ami, ce M. Frémion, à qui je trouve une si mauvaise figure ; de son côté, madame fait des toilettes extravagantes (c'est là son seul défaut... et il est bien innocent, pauvre chère femme !) afin de paraître jeune à son mari... Je ne m'en plains pas, je profite des robes passées de mode. Ce n'est pas tout, les loges de spectacle, les stalles de concert, le cheval, la voiture, la table, quasi toujours ouverte, coûtent très-cher ; la cuisinière fait danser l'anse du panier ; la maison est au pillage, la chandelle brûle par les deux bouts ; ce n'est point moi qui irai me brûler les doigts pour l'éteindre... ça durera ce que ça durera... et, ma foi, comme on dit, au bout du fossé... la culbute... et alors ! !

Angélique s'interrompit, frappée d'une réflexion subite, et reprit avec angoisse :

— Mais moi aussi je culbuterai dans le fossé, si ma maîtresse y tombe! Elle ruinée... que deviendrai-je ? J'ai soixante ans passés, ma vue baisse, comment trouverai-je à me placer? Ce n'est pas tout... feu M. le docteur m'a, par son testament, assuré une pension de vingt-cinq francs par mois à la condition : 1° De garder le secret sur ce legs à ma maîtresse et à sa fille ; 2° de rester à leur service; 3° d'aller tous les mois toucher ma petite rente chez le monsieur Robin qui m'a fait part du legs de feu M. le docteur; et enfin, 4° de répondre à toutes les questions que m'adresserait ledit M. Robin sur ce qui se passe ici... Or, entre parenthèse... quoique ce monsieur, toutes les fois que je vais chez lui, m'accable de questions sur madame, sur monsieur, sur mademoiselle, il paraît se soucier d'eux comme de Colin-Tampon, il reste toujours froid comme une carafe d'orgeat; si je lui dis, par exemple, que sa maison est au pillage, il me répond *Oh ! oh !* — Si j'ajoute que M. Gabert est un joueur, un libertin, M. Robin me répond *Ah ! ah !* Il ne sort pas de là : *oh ! oh ! ah ! ah !* c'est son vocabulaire... Toujours est-il que si madame se ruine, elle ne pourra me garder à son service... de sorte que non-seulement je perds ma place... mais la pension que m'a léguée feu M. le docteur, puisqu'elle ne me sera payée qu'autant que je resterai au service de ma maîtresse. Ainsi, au lieu de finir mes jours dans une bonne maison et d'y faire des économies, grâce au legs de feu M. le docteur, je mourrai dans la misère... En vérité, je suis encore bien simple... en me disant tranquillement : Au bout du fossé la culbute... alors que la culbute des autres peut me casser le cou... Certes, non, je ne veux pas que ma maîtresse soit ruinée... Il est peut-être encore temps d'enrayer... oui, mais il faudrait que madame m'écoutât, et elle ne m'écoutera pas... Elle est d'une faiblesse désolante en ce qui regarde la dépense... Ce n'est pas non plus à son M. Stanislas que j'irais donner des avis; il m'enverrait promener... Il a épousé madame pour son argent. Il le mange, il remplit son rôle... Il n'y a de raisonnable ici que mademoiselle Henriette, quoiqu'elle n'ait pas encore dix-sept ans... J'ai remarqué, depuis quelque temps surtout, qu'elle semble soucieuse, préoccupée... sans doute, elle est aussi frappée du train dont vont les choses, car si elle écoutait sa mère, elle serait parée comme une châsse; cette pauvre madame est sans cesse à lui répéter : « Mon Dieu ! es-tu peu dépensière ? Dis-moi donc ce qui te « ferait plaisir ? Je serais si heureuse de te le donner... » Et de vrai, la pauvre femme se dépouillerait pour sa fille et pour son M. Stanislas... mais mademoiselle Henriette, bien qu'elle gronde souvent sa mère et... Mais j'entends une voiture entrer dans la cour, — dit Angélique, prêtant l'oreille et regardant à travers l'une des croisées qu'elle avait ouvertes. — C'est madame qui rentre avec mademoiselle... non... celle-ci est seule... l'occasion est bonne, profitons-en... peut-être mademoiselle aura-t-elle assez d'influence sur sa mère pour l'empêcher de nous laisser complétement ruiner par M. Stanislas... Je dis *nous*, parce qu'après tout cela m'intéresse autant que ma maîtresse... Voici mademoiselle... allons... du courage, en avant les grands moyens.

IX

Henriette Dumesnil, très-brune et remarquablement jolie, avait le teint pâle et mat; ses sourcils noirs, peut-être trop fournis, car ils se rejoignaient presque au-dessus de son nez aquilin; la ligne sévère de sa bouche, auraient donné une apparence de dureté à sa physionomie, si l'expression de ses yeux, d'un noir velouté, n'eût été remplie de douceur et de modestie; sa taille assez élevée, flexible, mais frêle encore, réunissait des proportions parfaites. Henriette, instruite du départ de son beau-père et de ses joyeux convives, traversait la salle à manger, au lieu de suivre un couloir de dégagement, afin de regagner sa chambre, lorsqu'elle s'arrêta un moment, à la vue de la table en désordre couverte de bouteilles; un sourire de dégoût effleura les lèvres de la jeune fille; elle haussa légèrement les épaules et s'apprêtait à entrer dans le salon contigu à son appartement, lorsque Angélique, qu'elle n'avait pas encore aperçue, lui dit tristement :

— Ah! mademoiselle, un pareil désordre n'eût jamais existé dans la maison de défunt monsieur votre père...

L'observation de la vieille servante correspondait si parfaitement aux pensées secrètes d'Henriette, qu'elle ne put réprimer un geste de surprise, et regarda fixement Angélique sans lui répondre. Celle-ci reprit:

— Peut-être ai-je, involontairement, choqué mademoiselle par ma réflexion?

— Non, — dit Henriette, continuant de regarder fixement

la servante, — votre réflexion ne m'a pas choquée... elle m'a surprise.

— Pourquoi cela, mademoiselle?

— Parce que vous m'avez paru peu soucieuse des intérêts de ma mère.

— Je ne suis qu'une servante, et...

— Venez dans le salon, l'odeur de tabac que l'on respire ici m'est insupportable.

Henriette entra dans le salon voisin. La servante l'y suivit. Toutes deux poursuivirent ainsi l'entretien commencé:

X

— Mademoiselle m'a reproché de ne pas prendre souci des intérêts de madame, — dit Angélique à Henriette Dumesnil, — je fais cependant de mon mieux mon service...

— Je n'ai pas à me plaindre de votre service... Mais il règne ici un désordre déplorable ; pour ne citer qu'un fait, la cuisinière et le domestique de mon beau-père invitent chaque jour à dîner des gens étrangers à la maison : l'on se croirait ici dans une auberge. Ces repas se prolongent souvent fort tard dans la soirée...

— Je jure à mademoiselle que je n'ai jamais invité personne.

— Il n'importe. En assistant à ces réunions, vous en devenez pour ainsi dire complice, vous deviez au contraire vous retirer aussitôt après dîner; c'eût été une sorte de protestation de votre part, à vous qui êtes depuis si longtemps au service de ma mère.

— Votre maman, mademoiselle, n'ignore pas qu'il y a souvent à la table de la cuisine sept à huit personnes étrangères; madame dit qu'elle aime à voir les domestiques s'amuser.

— Ma mère est d'une bonté excessive... Il vous appartenait, moins qu'à toute autre, d'abuser de cette bonté.

— Il est vrai, mademoiselle, j'aurais dû, au risque de me mettre mal avec les autres domestiques, leur dire ma façon de penser; mais, je vous l'assure, mademoiselle, foi d'honnête femme, je suis navrée de ce qui se passe... Je voulais, aujourd'hui même, instruire mademoiselle de choses qu'elle ignore sans doute, ainsi que madame.

— De quoi s'agit-il?

— Le beau-père de mademoiselle a, dernièrement encore, perdu au jeu d'assez grosses sommes, dans une espèce de tripot où l'a entraîné ce M. Frémion, qui depuis quelque temps ne le quitte pas, et a l'air d'être ici chez lui.

— Comment avez-vous été instruite des pertes que mon beau-père a faites au jeu?

— Baudoin, le domestique de M. Stanislas, a vu son maître prendre plusieurs fois des billets de banque dans son secrétaire, au moment de sortir le soir, et revenir sans un sou dans la poche de son gilet.

Henriette dissimula la surprise et l'inquiétude que lui causaient ces révélations, et reprit:

— Je n'ai aucune action sur la conduite de mon beau-père; mais si j'en crois votre promesse, du moins, vous ne vous associerez plus au désordre qui règne ici... puisque vous ne pouvez l'empêcher.

— Mademoiselle veut-elle me permettre de lui dire franchement ma façon de penser?

— Parlez, Angélique...

— Il y a quelques mois, mademoiselle, vous avez, presque malgré votre maman, voulu compter avec la cuisinière, surveiller les dépenses, mettre un peu de régularité dans la maison... A quoi cela a-t-il abouti? A rien, mademoiselle... Est-ce vrai?

— Oui, parce que l'excellent cœur de ma mère a toujours reculé devant une résolution ferme, sévère, qui seule pouvait couper le mal dans sa racine... aussi m'a-t-il fallu, de guerre lasse... renoncer à mettre un terme à un gaspillage révoltant.

— Mademoiselle, croyez-moi... il n'y a pour madame qu'un moyen d'en finir : c'est de faire maison nette, sauf moi, si madame a confiance dans mon dévouement; et alors, j'en fais le serment à mademoiselle, je m'efforcerai de l'aider à bien ordonner la maison ; mon ancienneté, l'appui de mademoiselle, me donneront quelque autorité sur les nouveaux domestiques; mais quant à ceux qui sont ici maintenant... ils ont pris leur pli, ils comptent sur l'inépuisable tolérance de madame, et quoi qu'on en dise, quoi qu'on fasse, les choses iront comme devant... Que madame, au contraire, tranche dans le vif, et alors tout ira bien.

— Votre conseil est sage, — répondit Henriette après avoir attentivement écouté Angélique, — il faut en effet, ainsi que vous le dites, trancher dans le vif... Le difficile sera de décider ma mère à cette résolution, mais je ne désespère pas d'y réussir, et aujourd'hui même je...

Henriette fut interrompue par une servante qui lui dit, en entrant dans le salon :

— Mademoiselle, c'est quelque chose que l'on apporte pour vous. — Et s'adressant à un garçon de magasin resté au dehors du salon, elle ajouta : — Venez par ici...

Le garçon de magasin parut, tenant un assez grand coffret, soigneusement enveloppé de papier.

— Qu'est-ce que cela? demanda Henriette; — qu'apportez-vous?

— Un nécessaire de toilette en or, pour mademoiselle Dumesnil, — répondit le garçon de magasin, dégageant de ses enveloppes et déposant sur une table le nécessaire d'ébène, de deux pieds carrés, rehaussé d'incrustations d'or et de nacre, et ayant en son milieu le chiffre **H. D.** (Henriette Dumesnil.)

— Il y a erreur, monsieur — dit la jeune fille au garçon — cet objet ne m'est pas destiné.

— Mademoiselle ne s'appelle donc pas Henriette Dumesnil?

— Si... mais je n'ai pas commandé ce nécessaire... Veuillez donc le remporter.

— Oh! mademoiselle ne m'ordonnera pas de le remporter lorsqu'elle l'aura vu! — répondit le garçon de magasin, glorieux de l'objet qu'il présentait. Et soulevant le couvercle, il montra l'intérieur du coffret garni de velours grenat, sur lequel étincelaient les boîtes, les flacons de toilette en or ciselé.

— Ah! que c'est beau! — s'écria Angélique éblouie. — Voyez donc, mademoiselle, que c'est beau!

— Monsieur, — dit Henriette de plus en plus surprise, — encore une fois refuse de recevoir cet objet, je ne l'ai pas commandé.

— Mais il est payé, mademoiselle.

— Comment... il est payé?

— Sans doute... Et mademoiselle n'oubliera pas le garçon.

— Je devine... c'est une nouvelle folie de mon excellente mère, — pensait Henriette avec un secret chagrin. — Allons, du courage... c'est la seule manière, peut-être, d'empêcher à l'avenir de pareilles prodigalités.

Puis, feignant d'examiner attentivement l'intérieur du coffret, Henriette ajouta tout haut :

— Je voudrais quelques changements dans la disposition des flacons... J'irai demain à votre magasin expliquer ce que je désire...

— Pourtant, mademoiselle, cet objet est tout ce qu'il y a de plus riche, de plus soigné, ainsi que l'a recommandé ce monsieur.

— Ce monsieur? — répéta Henriette avec stupeur. — Quel monsieur?

— Celui qui a commandé et payé ce nécessaire, mademoiselle.

Une pensée soudaine vint succéder à la stupeur d'Henriette. Ses traits se contractèrent; elle fronça ses noirs sourcils; mais, dominant sa secrète et pénible émotion, elle dit froidement au garçon :

— Laissez-moi l'adresse de votre magasin, et remportez ce coffret.

— En ce cas, nous attendrons les ordres de mademoiselle, — dit le garçon en sortant avec Angélique et emportant le nécessaire.

XI

Henriette Dumesnil, restée seule, ne contraignit plus l'expression des ressentiments dont elle était tourmentée; elle pâlit, une larme brilla dans ses yeux noirs, et marchant dans le salon avec une agitation fébrile, elle murmura d'une voix étouffée :

— Mon Dieu! par pitié! délivrez-moi de cet horrible soupçon... contre lui, je lutte de toutes les forces de ma raison... oser seulement le concevoir... c'est de ma part presque une indignité, tant il est infâme... mais ce n'est pas ma faute... Pourquoi, depuis quelque temps, s'est-il, malgré moi, reproduit si souvent à mon esprit? Hélas! la persistance du doute dont je suis obsédée... n'est pas sans causes... et ces causes... ah! je frémis d'y songer... car...

Henriette s'interrompit, et après un moment de réflexion:

— Mais non... je m'abuse... je dois m'abuser! Mon inexpérience, ma jeunesse me trompent... ma susceptibilité naturelle s'effarouche à tort et m'égare... je vois le mal là où il n'est pas... où il ne peut pas être... Non... non, il s'agit seulement du manque absolu de tact... de convenance, qui gâte un sentiment dont la source est honorable.

Mais s'interrompant de nouveau, la jeune fille reprit avec angoisse :

— Et cependant, pourquoi ce soupçon m'est-il venu, à moi, à mon âge... à moi, dont le cœur est pur... tu le sais, ô mon Dieu! Hélas... je le dis avec épouvante, peut-être suis-je avertie, éclairée par l'instinct de ma tendresse, de ma vénération pour ma mère !

Au moment où Henriette prononçait ces derniers mots, en proie à une alarme croissante, madame Gabert entra dans le salon, accompagnée du garçon de magasin chargé du nécessaire, qu'il plaça sur un meuble.

— Tenez, mon ami, — dit la mère d'Henriette, tirant cent sous de son porte-monnaie, — voici pour votre peine.

— Cent sous de pourboire ! ah ! madame est trop généreuse ! — dit le garçon ; et, après s'être respectueusement incliné, il sortit, laissant seules la mère et la fille.

XII

Madame Gabert, remariée depuis bientôt deux ans, touchait à sa quarante-neuvième année ; devenue fort replète, elle sanglait son corset à outrance, afin que sa taille se dessinât quelque peu sous une espèce de caraco de velours, garni de dentelles ; ses ajustements, de la dernière élégance, messeyaient à son âge, et cette espèce de calotte, décorée de nos jours de l'ambitieuse appellation de chapeau, placée très en arrière de sa tête, découvrait complétement son bon gros visage encadré de deux bandeaux de cheveux, jadis blonds et devenus d'une couleur douteuse, grâce à l'emploi de l'*eau d'Afrique,* destinée à combattre l'envahissement des cheveux blancs. En somme, la personne de madame Gabert offrait un ensemble assez ridicule; mais, grâce à l'indicible bonté empreinte sur ses traits affectueux et ouverts, cette pauvre femme, malgré l'extravagance de son accoutrement, malgré son étourderie sénile, eût inspiré à toute personne de cœur sympathie ou compassion. La mère d'Henriette était cependant bien éloignée de se croire malheureuse; simple, confiante et indulgente à l'excès, ayant d'elle-même la plus modeste opinion, profondément reconnaissante de ce que son cher Stanislas ne manquait pas absolument d'égards envers elle, et ne contrariait en rien ses goûts, elle persistait à l'aimer, nonobstant d'assez graves mécomptes survenus depuis leur union, et dont cette excellente créature ne se blessait nullement; ainsi M. Gabert, fort peu soucieux de présenter la *vieille* (ainsi qu'il l'appelait familièrement dans la société qu'il fréquentait avant son mariage), prétexta de son dégoût du monde, pour s'épargner l'ennui d'y conduire sa femme, lui offrant en compensation les plaisirs du théâtre et des concerts, ce dont elle s'accommodait à merveille, puisque telle était la convenance de son cher Stanislas; ainsi, M. Gabert, depuis quelque temps surtout, passait souvent ses soirées hors de chez lui, ce dont sa femme s'accommodait encore, trouvant fort naturel que son cher Stanislas allât où bon lui semblait; de quoi, d'ailleurs, se serait-elle plainte? Ne passait-elle pas le plus agréablement du monde ses soirées en compagnie de sa fille qu'elle chérissait? Enfin, apres un mois de mariage, M. Gabert, quittant la chambre conjugale, s'était établi à l'autre extrémité de l'appartement; sa femme s'expliqua parfaitement et sans aucune amertume les causes de cette séparation, en croyant l'aimer d'amour, elle qui pouvait être sa mère; son cher Stanislas, dupe de son bon cœur, s'était probablement illusionné; aussi se promit-elle de l'aimer comme un fils. En un mot, tout lui paraissait au mieux, pourvu qu'elle conservât l'affection d'Henriette et que le cher Stanislas fût heureux. Or, il n'en pouvait guère être autrement, ne se refusant rien, satisfaisant ses fantaisies; il disposait à son gré de la fortune de sa femme, se montrait d'ailleurs bon prince et ne lui refusait point d'argent. Elle savait autant de gré de cette générosité à son cher Stanislas, que s'il eût été prodigue de ses propres deniers, d'où il suit que, grâce à la débonnaireté de son caractère et à son incurable optimisme, madame Gabert se croyait, se sentait heureuse, parce que tout semblait heureux autour d'elle; le ressentiment de son facile et aveugle bonheur se lisait habituellement sur sa physionomie épanouie... Cependant elle parut attristée lorsqu'elle entra dans le salon où elle vint rejoindre sa fille, après avoir rencontré dans la cour le garçon de magasin. Ce fut alors que, vivement contrariée d'apprendre par lui qu'Henriette refusait le présent qu'on lui offrait, madame Gabert pria le garçon de la suivre et de rapporter le nécessaire, après quoi, nous l'avons dit, la mère et la fille restèrent seules.

XIII

Madame Gabert, après avoir embrassé sa fille avec sa tendresse accoutumée, lui dit d'un ton légèrement attristé

— Mon enfant, il y a eu ici, tout à l'heure, un malentendu...

— A quel sujet, maman?

— Au sujet de ce nécessaire. — Et madame Gabert l'indiqua du geste. — Tu as refusé de le recevoir?

— Oui.

— Sans doute parce que tu ignorais de quelle part venait ce cadeau?

— Je l'ignore encore...

— C'est tout simple, puisque c'est une surprise que l'on te ménageait; mais lorsque tu connaîtras l'auteur de cette surprise... — ajouta madame Gabert, dont la physionomie redevint souriante, — combien tu regretteras ton refus...

— Maman... permets... je...

— Écoute-moi donc... l'auteur de cette surprise, c'est... c'est... tu ne devines pas?... Hé bien! c'est notre cher Stanislas... — Mais voyant sa fille accueillir cette révélation avec une silencieuse froideur, madame Gabert, dont les traits exprimèrent soudain une pénible surprise, ajouta :
— Quoi... Henriette... pas un mot...

— Je crains, maman, de te chagriner par ma réponse.

— Que veux-tu dire?

— Je ne puis... je ne dois pas accepter ce nouveau cadeau de mon beau-père...

— Voilà, par exemple... une chose incompréhensible,

en vérité ; je tombe des nues!!... — s'écria madame Gabert, regardant sa fille avec un étonnement et un chagrin croissant. — Et pourquoi donc, chère enfant, n'accepterais-tu pas ce présent de notre cher Stanislas... tu as bien accepté les autres?...

— J'ai eu tort.

— Comment, tu as eu tort?

— Oui, j'ai paru ainsi encourager des prodigalités auxquelles, tu le sais, j'ai souvent prié mon beau-père de mettre terme.

— Ne vas-tu pas lui en faire un reproche ?... Il t'aime tant...

Un sourire amer effleura les lèvres de la jeune fille, et, sans répondre à l'interruption de madame Gabert, elle reprit :

— J'ai donc accepté malgré moi, et uniquement afin de ne pas te contrarier, les présents que mon beau-père s'obstinait à me faire.

— S'obstinait... Ah!... mon enfant... ce mot est dur.

— Je ne saurais qualifier autrement la persistance de M. Gabert à m'offrir des choses dont je n'ai nul besoin... Tantôt ce sont des pièces d'étoffes de prix pour des robes... ou bien des bijoux, des dentelles... Une jeune personne de mon âge ne porte ni bijoux, ni dentelles, ni robes d'étoffes de prix ; aussi t'ai-je priée, maman, de conserver ces présents dont je n'userai jamais.

— Qu'est-ce que tu me dis là... Quel crève-cœur pour ce pauvre Stanislas !... s'il savait... mon Dieu... mon Dieu! Et moi qui ai toujours cru bonnement que tu voulais réserver ces belles choses pour ton trousseau de noces... et...

— Je n'ai aucun goût pour le mariage, mon seul désir est de toujours vivre près de toi, bonne et tendre mère... Seulement, je t'en prie, je t'en conjure, entends-tu bien? dis une fois pour toutes et sérieusement, très-sérieusement, à mon beau-père, qu'il doit cesser de m'offrir des cadeaux dont je n'ai que faire... et dont ma délicatesse... finirait par se blesser.

— Ah! ma fille... ma fille...

— Ce nécessaire d'or que je refuse positivement d'accepter, a une valeur considérable; ton mari aurait dû comprendre... qu'il est des présents que l'on ne fait pas...

— Comment! il t'aime aussi tendrement que si tu étais sa fille... Il est ton tuteur, il est pour toi un second père, et il n'aurait pas le droit de t'offrir de temps à autre un présent? — s'écria madame Gabert douloureusement surprise. — Henriette, chère enfant... si tu savais quel chagrin tu me causes en accueillant ainsi les preuves d'affection de Stanislas... et, tiens... s'il faut... te parler à cœur ouvert — ajouta la pauvre femme, contenant à peine son envie de pleurer, — il me semble remarquer depuis quelque temps en toi un changement... dont je n'osais te parler... de peur que tu ne me *grondes*... mais vois-tu... ce que tu me dis aujourd'hui... ne me laisse malheureusement presque plus de doute...

— De grâce... ne te chagrine pas, bonne mère... et explique-toi.

— Hé bien! sans t'en apercevoir peut-être, je veux le croire... je le crois, tu n'es plus du tout la même pour Stanislas. Ainsi, par exemple, il avait, presque aussitôt après notre mariage, pris l'habitude de te tutoyer, de t'appeler sa petite minette... tu l'as engagé dernièrement, presque avec dureté, à cesser de te tutoyer... et de t'appeler sa petite minette.

— Lors de ton mariage avec M. Gabert, j'avais à peine quinze ans... j'étais encore une enfant, mon beau-père pouvait donc à la rigueur me tutoyer; mais aujourd'hui, ces familiarités ne sont plus convenables, j'ai bientôt dix-sept ans.

— Allons, bon! voilà maintenant qu'il est inconvenant qu'un père tutoie sa fille! je ne sais vraiment pas où tu as la tête!

— Maman... M. Gabert n'est pas mon père.

— Qu'est-ce que cela fait? est-ce qu'il ne te chérit pas autant que si tu étais sa fille, en te le prouvant de mille façons?... tandis que toi... — ajouta madame Gabert, ne pouvant plus contenir ses larmes, — tandis que toi... cela m'est pénible à dire... mais enfin... tu m'y forces... tu réponds à l'affection de... Stanislas par une froideur... croissante... oui, il n'est pas jusqu'à ses caresses que tu repousses... Avant-hier encore, il voulait te prendre sur ses genoux pour t'embrasser, tu l'as repoussé brusquement et avec un tel regard, que ce pauvre ami en est resté atterré...

— Je suis navrée de ton chagrin, ma bonne mère; mais encore une fois, je t'en supplie... songe donc que j'ai maintenant bientôt dix-sept ans, et qu'à cet âge, certaines familiarités ne sont plus tolérables.

— Hé mon Dieu!... je concevrais ta susceptibilité, s'il s'agissait d'une autre personne... mais Stanislas!... quelle différence...

— Maman... je...

— Non... non... chaque jour augmente ta froideur envers mon mari... et la manière dont tu me réponds en ce moment me... montre que tu n'as plus d'affection pour lui... — reprit madame Gabert suffoquée par les larmes. — Mon Dieu... mon Dieu... nous vivions si heureux, si unis, si gais, si contents! voilà maintenant... notre existence bouleversée... ah! c'est le premier chagrin que tu me causes, chère enfant... mais il est cruel... Enfin, puisque tu devais prendre ton beau-père en aversion... il aurait mieux valu autrefois me dire franchement... « Maman, ne te marie pas... » je ne me serais pas mariée... car je n'ai jamais eu au monde qu'une pensée... ton bonheur... oh oui! va, je te le dis, tu peux me croire... Henriette... tu me fais bien mal en ce moment... mais je te pardonne.

Et madame Gabert cacha dans son mouchoir sa figure baignée de pleurs.

XIV

Henriette Dumesnil, douloureusement affectée des larmes de sa mère, se disait avec effroi :

— Grand Dieu! si ma pauvre mère soupçonnait jamais la cause de l'éloignement que m'inspire son mari! Tâchons de la calmer, de lui donner le change... je resterai encore dans la vérité. Hélas! je n'ai plus qu'un seul motif de crainte pour l'avenir.

La jeune fille embrassant avec effusion madame Gabert, et essuyant pour ainsi dire sous ses lèvres les larmes maternelles :

— Écoute-moi, maman — dit-elle de sa voix la plus douce, la plus pénétrante, — de grâce... ne pleure pas... as-tu jamais pu douter de ma tendresse pour toi?

— Pour moi, non ! — reprit madame Gabert, répondant aux caresses de sa fille. — Je sais combien tu m'aimes... pourquoi faut-il... que toi, jusqu'ici si bonne, si gentille... dans tes relations avec ton beau-père... mon Dieu... je ne voudrais pas t'adresser de nouveaux reproches... mais... enfin...

— Hé bien ! maman... je serai franche; oui, mes relations avec ton mari ne sont plus ce qu'elles étaient d'abord.

— Tu l'avoues !... — reprit vivement madame Gabert, c'est déjà quelque chose... on parvient toujours à s'entendre quand on parle à cœur ouvert; voyons, mon Henriette, pousse la franchise jusqu'au bout... de ce changement dans ta conduite envers Stanislas... quelle est la cause?

— Mon beau-père manque gravement à ses devoirs envers toi...

— Envers moi?... En voici la première nouvelle, ma chère enfant... Je te le jure... car chaque jour, je m'applaudis de l'avoir épousée... Quels sont donc ses torts?

— Au lieu de sagement régir ta fortune, il la dépense follement...

— Quoi ! — s'écria madame Gabert, dont le visage naguère éploré s'épanouit de nouveau et rayonna d'espérance, — tu n'as pas d'autre tort à lui reprocher que sa prodigalité...

— N'est-ce donc point assez ?

— Henriette... mon enfant... embrasse-moi... ah ! de quel poids tu me soulages... combien tu me rends heureuse... Tiens... vois... je pleure encore... mais cette fois... c'est de plaisir... c'est de joie ! — reprit madame Gabert en sautant au cou de sa fille. — Dieu merci... j'en aurai été quitte pour la peur... chère... chère fille.., tu n'as pas d'aversion pour ce pauvre Stanislas ; son seule tort à tes yeux est d'être dépensier... je respire... ah ! méchante enfant... combien tu m'avais effrayée... embrasse-moi encore pour la peine...

Henriette, attristée de la joie étourdie de sa faible et imprévoyante mère, lui rendit ses caresses et reprit gravement :

— Je ne puis imiter ton indulgence au sujet des folles dépenses de mon beau-père.

— Que veux-tu ? il est si bon... si généreux..

— Grâce à cette générosité-là, tu risques d'être ruinée.

— Bah... tu es folle, chère petite grondeuse — répondit gaîment madame Gabert, — se ruiner... c'est un bien gros mot...

— Maman, sois donc raisonnable... regarde seulement autour de toi ; ta maison est au pillage ; chacun des domestiques tire à soi ; ta cuisine est une auberge ouverte à tout venant.

— C'est vrai... mais où est le mal que ces bonnes gens s'amusent entre eux !... Je les entends parfois de ma chambre rire aux éclats, et je me dis : Ils rient... donc ils sont heureux.

— Mais ils te volent indignement.

— D'autres nous voleraient de même!... autant garder ceux que nous avons... et puis ils affectionnent toujours les bons maîtres; nous sommes si bons pour eux, comment ne nous aimeraient-ils pas...

— Ces affections-là... te coûtent bien cher... Sais-tu ce que tu dépenses par mois?

— Ma foi non... cela regarde Stanislas; il est si gentil, qu'il m'épargne le soin de me mêler des détails de la maison.

— Pourtant, maman... c'est là ton devoir, et si tu le négliges, ce doit être le mien...

— Oh! toi, chère fille, tu es une véritable petite madame *j'ordonne*, tu ne laisserais rien passer; mais tu serais, vois-tu, par trop sévère, et nous aurions toujours autour de nous des visages renfrognés, comme l'étaient ceux des domestiques de ton père...

— La maison de mon père était honorable, quoique régie avec une sage économie — répondit gravement Henriette; — mon père épargnait pour l'avenir... tu en profites, il t'a laissé une grande aisance.

— A la bonne heure... mais enfin, avoue-le, chère enfant, du vivant de ton père, sans vouloir en rien offenser sa mémoire... nous nous ennuyions comme des mortes!!!

— Du vivant de mon père — reprit Henriette redoublant de gravité, — je n'ai jamais vu ce que j'ai vu encore ici tantôt... une table couverte de bouteilles, de verres brisés... en un mot, les traces d'une orgie!

— Es-tu grondeuse... l'es-tu? — reprit en riant madame Gabert. — N'est-il pas naturel que ce cher Stanislas donne de temps à autre à déjeuner à ses amis... et dame... des déjeuners de garçons... ne sont pas des repas de demoiselles...

— Et ce M. Frémion, qui vient sans cesse s'inviter à la table?

— Quant à celui-là, il ne me plaît pas beaucoup, il a une figure à porter le diable en terre, et un mauvais regard... mais il est l'intime de Stanislas...

— Ecoute-moi, et rien, je te l'assure, n'est plus sérieux que mes paroles. J'ai tenté à plusieurs reprises de mettre quelque peu d'ordre dans la maison. Ces tentatives, permets-moi de te le dire, bonne mère, ont échoué devant ton indulgence exagérée qui touche à la faiblesse.

— Je ne dis pas le contraire... je suis faible, je suis bonasse si tu veux, mais j'ai horreur de gronder... à propos de quelques sous de plus ou de moins.

— Il s'agit, maman, non pas de quelques sous, mais d'un gaspillage déplorable, et si tu tiens à me voir vivre en bonne intelligence avec mon beau-père...

— Si j'y tiens... vilaine enfant... peux-tu en douter?

— Alors, accorde-moi ce que je demande.

— Qu'est-ce, mon Henriette?

— Angélique est ici la seule personne qui soit quelque peu dévouée à tes intérêts ; la cuisinière et le domestique de mon beau-père abusent indignement de ta bonté; il faut les renvoyer.

— Ah mon Dieu ! les renvoyer !

— Oui, et garder Angélique, en lui confiant une surveillance active sur les nouveaux domestiques que tu prendras. J'espère alors, à l'aide d'Angélique, et si tu me donnes plein pouvoir en ce qui touche les soins de la maison, y faire enfin régner l'ordre et l'économie...

— Qu'est-ce que tu me dis là, chère enfant ; renvoyer nos domestiques, de pauvres gens qui se trouvent si bien chez nous.., et qui ne s'attendent à rien... jamais je n'aurai ce courage-là !...

— Je me chargerai de leur renvoi.

— C'est impossible... Stanislas tient beaucoup à son domestique...

— Lorsqu'il saura que cet homme est un fripon... il n'hésitera pas à le chasser.

— J'en doute... et puis il tient aussi beaucoup à notre cuisinière, un vrai cordon bleu, comme il dit.

— Il est de très-bonnes cuisinières, honnêtes femmes.

— Ma chère enfant, si justes que soient tes raisons, pour rien au monde, je n'oserais proposer une telle mesure à Stanislas, et...

— Ma mère... ma bonne mère... — reprit Henriette, d'un ton grave et pénétré, — crois-moi, ta funeste faiblesse... te perdra... te conduira, je le crains, à la ruine... à la misère...

— Que dis-tu... tu pourrais penser...

— Tu n'es pas plus riche, n'est-ce pas, que ne l'était mon père... Hé bien, compare les dépenses d'aujourd'hui à celles d'autrefois...

— Quant à cela... je ne dis pas... — répondit madame Gabert, frappée de l'observation de sa fille, — la différence est grande...

— Et si cette différence va toujours croissant... ainsi qu'il arrive, lorsque la prodigalité devient une habitude... à quoi sera réduite ta fortune, avant peu d'années ?... à rien... pauvre chère mère !

— Grand Dieu... si un tel malheur était possible... il serait doublement affreux... puisqu'il t'atteindrait aussi... nos biens ne sont-ils pas communs? — reprit madame Gabert avec angoisse, et son amour maternel, triomphant cette fois de sa faiblesse et de sa légèreté, elle ajouta : — oui, tu as raison... mille fois raison, et, sans croire que nous puissions risquer d'être tout à fait ruinées, je suis d'avis, comme toi, de réformer bien des abus. Il est sans doute très-bien d'être bon pour les domestiques, mais après tout, quand on n'a plus le sou, personne ne vous vient en aide. Cependant, vois-tu, chérie, nous ne pouvons rien résoudre à ce sujet, sans en prévenir ton beau-père... Il est si bon, si loyal, il nous aime tant, qu'il se rendra, comme moi, à tes raisons, petite grondeuse, car je n'oserais lui en ouvrir la bouche ; tu te chargeras donc seule de cette commission-là... il t'écoutera... il consentira à tout ce que tu voudras... il t'aime tant...

— Maman, il est indispensable que ce soit toi qui...

— Écoute... c'est lui ! — reprit vivement madame Gabert, prêtant l'oreille du côté d'une fenêtre ouverte sur la cour où l'on entendait siffler l'air de *Drin, drin, drin*. — Et s'adressant à Henriette : — Voilà ce cher Stanislas qui rentre, tu vas lui faire connaître toutes les excellentes et sages raisons que tu m'as données tout à l'heure... et si tu en as le courage, tu lui apprendras pourquoi tu refuses ce charmant nécessaire, qu'il était si heureux de t'offrir.

— Ma mère... je t'en conjure... reste près de moi.

— Le voilà... — dit en souriant madame Gabert en embrassant sa fille. — Parle-lui raison, moi... je me sauve !

Madame Gabert se hâta d'entrer dans une chambre voisine, dont la porte se refermait, au moment où le beau-père d'Henriette parut dans le salon.

XV

M. Stanislas Gabert était toujours un beau garçon, dans l'acception vulgaire de ce mot; sa figure bellâtre, rougeaude, encadrée d'épais favoris noirs, respirait le contentement de soi-même, la fatuité la plus outrecuidante et l'assurance que donnait à cet homme ce qu'il appelait bénévolement *sa fortune.* Lorsqu'il entra dans le salon, il n'était point absolument aviné, mais fort surexcité par les fumées d'un punch violent, offert après le déjeuner de garçons par l'un des convives, dans un café voisin, où l'on avait joué au billard; l'animation des traits de M. Stanislas, l'éclat de son regard, semblèrent augmenter à l'aspect d'Henriette, qu'il trouvait seule. Elle put à peine dissimuler un mouvement d'embarras et de crainte, dont son beau-père ne s'aperçut pas, son attention ayant été distraite par la vue du nécessaire placé sur un meuble.

— Le cadeau a dû produire son effet, pensa M. Gabert. —J'ai la tête montée... Henriette est seule... il faut en finir... autant aujourd'hui que demain... en avant l'aveu!... qui d'ailleurs ne la surprendra pas... — S'approchant alors d'Henriette et lui tendant les bras, il lui dit joyeusement:

— Hé bien... l'on ne vient donc pas embrasser papa?

— Monsieur! — répondit froidement la jeune fille en se reculant d'un pas — ces familiarités ne sauraient me convenir... je vous l'ai déjà dit... je vous le répète.

— Est-elle méchante... est-elle donc méchante, ma belle-fille — reprit en ricanant M. Stanislas; puis, avisant à dessein le nécessaire déposé sur la table du salon, il ajouta en feignant l'étonnement : — tiens, qu'est-ce donc que cette boîte ?

— C'est un nécessaire que l'on m'a apporté de votre part, monsieur.

— C'est vrai, je vous ai ménagé cette surprise... parce que vous êtes bien gentille..

— Je ne peux accepter ce présent, monsieur.

— Hein ? — fit M. Gabert, très-étonné de ce refus. — Vous dites ?

— Je dis, monsieur, que je ne puis accepter ce présent.

— Voilà du nouveau... et pourquoi ce refus ?

— Parce qu'il ne me convient pas, monsieur, de recevoir ce que vous m'offrez.

— Ce n'est pas là une raison sérieuse... ma chère Henriette.

— Cette raison, monsieur, est suffisante pour moi...

— Mais elle ne me suffit pas, à moi.

— J'en suis fâchée.

Le beau-père regarda fixement sa belle-fille, réfléchit, puis, souriant soudain d'un air de fatuité grossière, il dit à demi-voix à Henriette en se penchant vers elle :

— Connu... connu... petite jalouse !!

La jeune fille ne comprit pas la signification de ces mots, et cependant se sentit troublée, effrayée de la persistance et de l'expression du regard que son beau-père attachait sur elle.

— Écoutez-moi, chère Henriette, — reprit M. Gabert, après une pause. — Depuis trois mois environ, vous avez subitement changé de manière d'être à mon égard... Jusqu'alors vous me laissiez vous tutoyer, vous embrasser... Vous acceptiez mes petits cadeaux, qui, comme on dit, entretiennent l'amitié... Vous étiez gaie, avenante ; nous sortions seuls ensemble, bras dessus, bras dessous, lorsque ma *vieille* restait à la maison à cause de sa migraine... Enfin, ma charmante Henriette, vous me traitiez moins en beau-père... en tuteur... qu'en ami... en bon ami... non que je fusse votre *bon ami*... je n'avais pas ce bonheur-là... car vous êtes bien la plus ravissante personne que l'on puisse imaginer... — ajouta ce misérable, en jetant à sa belle-fille un regard qui redoubla son effroi et la rendit muette. — Oh oui, allez... plus d'une fois, en contemplant votre jolie figure pâle, vos grands yeux noirs, vos beaux sourcils, vos magnifiques cheveux, je me disais : Quel sera l'heureux mortel qui... enfin... suffit... Je vous rappelle donc qu'à cette époque-là... vous ne vous formalisiez pas de mes louanges, petite méchante. Mais voilà que soudain vous prenez votre grand air... vous me défendez de vous tutoyer... de vous embrasser, et aujourd'hui, vous refusez mes cadeaux, vous semblez interloquée des louanges que je vous adresse, et, au lieu de m'appeler comme devant, monsieur Stanislas... voire même, mon cher monsieur Stanislas, vous me donnez du monsieur tout court, et cela d'un petit ton si sec... si froid... si pincé... que, si je ne connaissais pas les femmes comme je les connais, — ajouta M. Gabert avec une insolente suffisance, — je croirais que nous sommes au moment de nous brouiller à mort... Mais moi je ne m'arrête pas aux apparences, je devine la cause de votre dépit, de votre colère ; aussi je vous répète : connu... connu !! petite jalouse.

XVI

Henriette Dumesnil avait écouté son beau-père sans l'interrompre, elle se sentait presque défaillir de dégoût, d'horreur et d'effroi... Ses soupçons longtemps combattus devenaient à ses yeux d'une terrible réalité ; l'instinct de sa pureté, de sa pudeur, lui avait un jour révélé que rien n'était moins paternel que les louanges, les familiarités, les caresses de M. Gabert, malgré son double et respectable titre de tuteur et de beau-père ; dès lors, un doute affreux traversant son esprit, elle s'était soudain montrée aussi réservée envers cet homme qu'elle s'était montrée affectueuse pour lui, obéissant en cela beaucoup moins à la sympathie qu'il lui inspirait qu'au désir d'être agréable à sa mère, en restant dans les meilleurs termes avec son beau-père. Celui-ci, aveuglé par sa grossière et stupide fatuité, se méprit sur la nature des sentiments dont il croyait Henriette animée à son égard, et conçut la pensée de séduire une innocente enfant qui, pour tant de causes, devait être sacrée à ses yeux. Si exorbitante que semble cette outrecuidance infâme, elle s'expliquera tout à l'heure.

Les dernières paroles que cet homme venait d'adresser à

Henriette ne pouvaient guère lui laisser de doutes sur les projets qu'il nourrissait. Cependant, sentant que l'issue de cet entretien devait avoir une importance décisive sur sa destinée, sur celle de sa mère, la jeune fille, puisant dans la précoce fermeté de son caractère le courage de dominer ses ressentiments, afin d'être fixée sur la vérité, si horrible qu'elle pût être, et aviser ensuite à une détermination irrévocable, elle parut ne pas comprendre la signification de ces deux mots, deux fois répétés par M. Gabert:
— Connu... connu!! petite jalouse; — et elle lui répondit après un moment de silence:

— De qui... et de quoi supposez-vous donc, monsieur, que je sois jalouse?

— De qui?... — reprit cyniquement M. Gabert, — hé parbleu, de votre mère...

— Pourquoi serais-je jalouse de ma mère?

— Parce que vous croyez que je l'aime...

— Votre affection pour elle, monsieur, loin d'exciter ma jalousie... ne saurait au contraire que me satisfaire...

— Chère et charmante Henriette, vous dites cela d'un air si piqué, si vexé... qu'évidemment vous n'êtes pas sincère.

Ce misérable, se méprenant sur la cause de la cruelle contrainte que s'imposait Henriette, et la voyant se troubler, pâlir, se disait dans son absurde et abominable fatuité :

— J'en étais certain, elle m'aime, et depuis que cet amour la domine, elle est furieuse contre ma *vieille*... — Puis il reprit tout haut : — Non, ma chère Henriette vous n'êtes pas sincère, non!

— En quoi, monsieur, manqué-je de sincérité?...

— Mon affection pour votre mère, loin de vous satisfaire, vous irrite, quoi que vous en disiez... Oh! l'on ne m'abuse pas, moi... je connais les femmes...

— Et quelle serait la cause de mon irritation?

— Le dépit qu'inspire le bonheur d'une rivale...

— Vous parlez en énigmes, monsieur.

— Voulez-vous que je vous parle plus clairement?

— Oui...

— La friponne veut me forcer à un aveu positif... Oh! elle a une fameuse tête... elle ira loin! — pensait M. Gabert. Il éprouva cependant, sinon un remords, du moins une sorte d'embarras involontaire, au moment de dévoiler complétement l'infamie qu'il projetait. Il hésita pendant un moment et reprit :

— Vous le voulez, ma chère Henriette? je vais vous parler clairement : votre mère approche de la cinquantaine; vous n'avez pas encore dix-sept ans; vous êtes une des plus jolies créatures que l'on puisse imaginer... vous vous êtes aperçue de l'impression violente que vous causiez sur moi, car, voyez-vous, avant d'être tuteur et beau-père, je suis homme... Entendez-vous, Henriette? — ajouta M. Gabert, accompagnant ces mots d'un regard qui fit rougir et trembler la jeune fille, — l'impression que vous causiez sur moi, vous l'avez partagée... oh! ne le niez pas... je connais les femmes! je vous rappellerais au besoin combien vous étiez alors gentille et caressante pour moi... Vous me laissiez très-tranquillement vous embrasser, ce qui ne vous faisait pas de peine, tant s'en faut; mais à mesure que vous m'aimiez davantage, votre mère devenait à vos yeux une rivale, et de cette rivalité vous me témoignez votre mauvaise humeur, petite jalouse, en vous montrant de plus en plus froide à mon égard... Voilà qui est clair, j'imagine?...

— Très-clair, monsieur.

— De mieux en mieux. En attendant cet aveu si positif, elle ne feint pas même la colère obligée... Quel caractère... oh! ces petites filles pâlottes... à sourcils épais comme le doigt, sont fièrement crânes — pensait M. Gabert. Et poussant jusqu'au vertige l'aveuglement de sa fatuité, il saisit la main de la jeune fille et lui dit de sa voix la plus tendre : — Henriette... je vous aime... et vous m'aimez... Ne craignez rien, nous pourrons...

Henriette, muette et pâle d'épouvante, retirait brusquement sa main d'entre celles de son beau-père, lorsque soudain madame Gabert, ouvrant à petit bruit la porte de la chambre voisine, entra sur la pointe du pied dans le salon, et souriante, épanouie, dit en s'approchant :

— Ma foi... je n'y tenais plus... ma curiosité l'emporte! Le plus fort de la gronderie doit être passé maintenant... Hé bien, mon enfant, l'as-tu bien morigéné? a-t-il entendu raison, notre cher Stanislas?

XVII

Henriette, à la vue de sa mère, ne put dominer un tressaillement douloureux surpris par son beau-père; il attribua cette émotion au dépit qu'éprouvait la jeune fille de voir l'entretien interrompu au moment même où elle venait d'entendre un aveu pour ainsi dire sollicité par elle; aussi, cachant à peine la joie que lui causait sa découverte, et jetant un regard d'intelligence à Henriette, il répondit à sa femme, qui venait de demander gaîment à sa fille si elle avait bien grondé son beau-père :

— Certainement, ma chère belle-fille m'a grondé... Elle était furieuse comme une petite lionne... mais nous avons fait la paix...

— Vraiment! mon cher Stanislas.

— Oui, ma vieille... aussi maintenant, Henriette et moi, nous sommes d'accord... En toutes choses, il ne s'agit, vois-tu... que de s'entendre.

— Ah! mon cher ami, quel plaisir tu me fais en me parlant ainsi... — reprit madame Gabert, dupe d'un odieux quiproquo, et pensant que ce bon accord dont parlait son mari touchait aux réformes des dépenses de la maison. Puis se tournant vers sa fille, sur qui elle n'avait pas encore attaché son regard, elle ajouta gaîment : — J'étais bien certaine, moi, que ce cher Stanislas t'écouterait... Il t'aime tant... et, — mais observant la profonde altération des traits d'Henriette, elle ajouta vivement : — Mon enfant... qu'as-tu donc... tu parais souffrante.

— Souffrante, non, maman... mais je ressens un léger

mal de tête... Je vais, pour le dissiper... prendre un peu l'air à la fenêtre de ma chambre — répondit la jeune fille. Et elle sortit précipitamment du salon, tandis que son beau-père, la suivant des yeux, se disait : — La présence de sa mère lui est insupportable... Elle est furieuse... elle est à moi.

XVIII

« Elle est à moi! » — avait dit M. Gabert en suivant du regard sa belle-fille, car ce misérable croyait toucher au terme de ses espérances. Tout ceci, nous le savons, est odieux, aussi écrivons-nous ce récit afin de flétrir ces exécrables passions qui jettent plus souvent que l'on ne pense les familles dans les larmes et dans le deuil; notre déjà longue pratique de la vie nous a plus d'une fois, hélas! initié à de douloureux secrets, et, sans invoquer ici nos souvenirs personnels, nous nous adresserons aux souvenirs de nos lecteurs. N'a-t-on pas vu souvent des tuteurs indignement abuser de l'influence et de l'autorité que leur position leur donnait à l'égard des jeunes filles soumises à leur tutelle?... Combien de beaux-pères, après avoir épousé, jeunes encore, une femme d'un âge avancé, mère d'une fille du premier lit, n'ont pas souillé la sainteté du foyer domestique par un amour presque incestueux... Ceux de nos lecteurs qui ont quelque peu expérimenté les choses humaines se rappelleront, nous n'en doutons point, des faits analogues à ceux dont nous allons poursuivre le pénible récit.

M. Gabert n'éprouvait pas même un sentiment de gratitude envers l'excellente créature qui l'avait tiré d'une position précaire, voisine de la misère; il ne songeait qu'à joyeusement dépenser la fortune de sa femme et de sa pupille, fortune dont il avait la gestion. Enfin cet homme, prodigieusement infatué de lui-même, frappé du développement de la beauté de sa belle-fille, s'était sans hésitation, sans remords, proposé de la séduire. Il est des natures à la fois si viciées, si obtuses et tellement dépourvues de sens moral que la pensée d'un hideux forfait ne leur cause aucun trouble; ils suivent brutalement l'instinct de leur appétit bestial, et on les étonne fort lorsque l'on parvient à leur faire envisager sous leur vrai point de vue la scélératesse qu'ils commettent avec une sorte d'effrayante naïveté; M. Gabert était du nombre de ces naïfs; son calcul de séduction fut fort simple: persuadé d'abord que le charme de sa personne le rendait à peu près irrésistible, il crut voir les symptômes d'un penchant naissant dans les innocents témoignages de cordialité que lui donnait sa belle-fille, surtout afin de plaire à sa mère. Il en fut ainsi du sentiment qui engageait Henriette à accepter quelques cadeaux presque sans valeur vénale comme gages d'une affection pour ainsi dire paternelle. M. Gabert crut ses odieux desseins en voie de succès, et jugeant autrui d'après soi, il ne lui vint pas un instant à la pensée que sa belle-fille pût reculer devant un pareil amour. Il n'imaginait point qu'une fillette de seize ans (elle avait cet âge lorsqu'il osa lever les yeux sur elle) ne se trouvât pas fort heureuse d'être accablée de présents, de satisfaire à tous ses caprices, à la seule condition de *payer de retour* un fort beau garçon, sans parler du méchant plaisir de dominer, de primer sa mère au sein de la maison.

Cet homme ne se trompait pas en ceci : qu'il existe en effet d'horribles liaisons où des filles dénaturées, complices de leur beau-père et exécrables rivales de leur mère, lui font endurer mille tourments ; aussi M. Gabert se plut à supposr qu'Henriette serait une de ces dénaturées. Il redoubla de séductions, ses présents atteignirent à un prix élevé ; sa familiarité avec sa pupille devint excessive, et les caresses qu'elle avait d'abord ingénument tolérées, de crainte de chagriner sa mère en les repoussant, prirent un caractère tel, que soudain avertie par l'instinct de sa pudeur et de son amour filial, la pauvre enfant pressentit vaguement la terrible vérité dont elle s'efforça cependant de douter ; ces doutes suffirent à lui inspirer une réserve, une froideur croissantes envers M. Gabert, froideur que celui-ci attribuait aux ressentiments jaloux de la jeune fille à l'endroit de sa mère ; aussi, enhardi par ce qu'il regardait comme le bon succès de son aveu, persuadé qu'Henriette était à lui, il résolut de hâter le moment de son triomphe.

XIX

Henriette Dumesnil prétexta du léger mal de tête dont elle s'était plainte, et n'assista pas au dîner ; elle réfléchit longtemps sur sa position, d'autant plus cruelle qu'elle lui semblait inextricable. Que faire en cette menaçante occurrence ?

Dévoiler la vérité à sa mère, c'était porter à cette malheureuse femme un coup affreux, et pour l'avenir empoisonner ses jours, puisqu'elle serait condamnée à vivre auprès de l'homme qui avait tenté de séduire sa fille.

Henriette cacherait-elle à sa mère ce hideux secret, après avoir témoigné à son beau-père l'horreur, le mépris qu'il lui inspirait? Autre obstacle; elle ne pouvait espérer, malgré la fermeté de son caractère, de prendre sur elle assez d'empire pour sans cesse dissimuler l'horreur, le mépris que lui inspirait ce misérable; elle se trahirait à chaque instant devant sa mère, et celle-ci, déjà si péniblement affectée de la froideur de sa fille envers son beau-père, vivrait désormais dans le chagrin, dans les larmes, se reprocherait avec amertume un mariage qui n'était plus pour elle qu'une source de chagrins éternels.

Henriette, après une nuit de perplexités, d'angoisses, indécise du parti qu'elle devait suivre, réfléchit longtemps; puis, s'arrêtant à une détermination tour à tour reprise et abandonnée, elle se dit:

— Ce parti est le seul qui me reste... ainsi du moins, je pourrai cacher à ma mère cet horrible secret et m'épargner désormais la vue d'un homme dont la présence m'est devenue intolérable. Demain matin j'irai trouver ma mère... et je lui ferai part de mon inébranlable résolution.

XX

Henriette Dumesnil, après quelques heures d'un sommeil

réparateur, se leva. Elle venait de revêtir son peignoir du matin lorsqu'elle vit entrer chez elle la vieille servante.

— Je viens, mademoiselle, vous prévenir que je sors — dit Angélique — afin que vous ne preniez pas la peine de sonner si vous aviez besoin de moi.

— C'est bien... ma mère est-elle levée?

— Oh! madame est déjà sortie en voiture avec la cuisinière.

— Comment! — reprit Henriette surprise, — maman est sortie de si grand matin?

— Oui, mademoiselle, et je suppose qu'hier vous aurez parlé à madame du désordre dont vous vous plaignez... alors madame, afin d'empêcher Justine de faire danser l'anse du panier, aura voulu l'accompagner ce matin au marché... Mais ce ne serait là, mademoiselle, qu'une demi-mesure... madame se lassera bien vite d'aller au marché tous les jours...

Henriette écoutait les paroles d'Angélique avec distraction; le sujet de ses réflexions était bien autrement grave que les projets de réforme dans les dépenses de la maison; aussi répondit-elle à Angélique:

— Vous me préviendrez aussitôt que ma mère sera rentrée.

— Oui, mademoiselle, si toutefois je suis de retour avant madame... et j'en doute... la course que j'ai à faire est si longue... si longue... barrière du Trône... puisque M. Gabert m'envoie barrière du Trône... porter une lettre... moi... une femme de mon âge, comme s'il ne pouvait pas, à défaut d'autres domestiques, charger un commissionnaire de cette corvée-là — ajouta Angélique, en sortant sans être entendue d'Henriette, toujours plongée dans une profonde rêverie.

La vieille servante avait quitté la maison depuis quelques moments; sa jeune maîtresse, assise dans un fauteuil, le front penché sur sa main, le regard fixe, le sourire navrant, restait abîmée dans ses cruelles pensées, lorsque, soudain, la porte de sa chambre à coucher fut ouverte par M. Stanislas, vêtu d'une magnifique robe de chambre, frisé, pommadé, parfumé. Il entra la physionomie rayonnante d'assurance.

A l'aspect imprévu de son beau-père, Henriette tressaillit d'effroi, se redressa pourpre de colère et de confusion, croisa d'une main sur son sein son peignoir entr'ouvert, et de l'autre main indiquant la porte à M. Gabert, elle s'écria d'une voix frémissante d'indignation:

— Sortez, monsieur... sortez à l'instant.

— Ne craignez rien... ma charmante, — reprit M. Gabert en s'approchant délibérément. — Nous sommes seuls à la maison.

— Seuls! — répéta la jeune fille pâlissant, épouvantée de ce misérable, — seuls!

— Oui, absolument seuls... toutes les portes sont fermées... Rassurez-vous donc, adorable Henriette, et admirez ma rouerie... J'ai dit hier soir à ma *vieille* : J'ai invité pour demain Frémion et d'autres amis à dîner; je veux un repas de Lucullus; il faut que tu ailles de très-bon matin au marché avec la cuisinière pour choisir toi-même ce qu'il y aura de plus fin, de plus délicat; tu prendras la voiture afin de ne pas te fatiguer... Voilà donc ma pauvre vieille emballée avec la cuisinière et le domestique, après quoi j'ai dépêché Angélique à la barrière du Trône sous prétexte de porter une lettre ; nous avons donc deux ou trois heures à nous... hein, mon ange... avouez que je suis un fameux roué ? Ce qu'il y a de superbe, c'est que ce festin de Lucullus sera notre repas de noces...

M. Gabert ouvrit les bras et fit deux pas vers sa belle-fille. Celle-ci, dont les dents se heurtaient convulsivement, devint livide de terreur à la pensée d'être enfermée seule avec cet homme, au fond d'un appartement solitaire ; elle ne put d'abord prononcer une parole, se réfugia dans l'une des encoignures de sa chambre, puis là, adossée au mur, elle s'écria enfin d'une voix palpitante :

— Ne m'approchez pas... oh ! ne m'approchez pas.

— Mais je te répète qu'il n'y a rien à craindre, mon Henriette adorée... Ne prends donc pas cet air effarouché... nous sommes seuls, te dis-je. — Et M. Gabert, qui attribuait uniquement l'alarme de la jeune fille à la crainte d'être surprise par sa mère, fit de nouveau quelques pas en avant, et la joue enflammée, l'œil étincelant de convoitise, il murmura : — Es-tu ravissante en peignoir du matin !...

Henriette se vit perdue, si elle ne surmontait pas sa défaillance causée par l'épouvante. La fermeté de son caractère, un moment ébranlée, reprit le dessus ; elle vit à sa portée, sur une table à ouvrage, une paire de ciseaux fort aigus, les saisit, et alors, le front haut, le regard intrépide, les narines dilatées, frémissantes, les traits contractés par la colère et l'horreur, elle s'écria :

— Infâme !... si vous faites un pas de plus... je vous frappe au visage...

L'attitude, l'accent, la physionomie de la jeune fille exprimaient avec tant d'énergie l'exaltation de ses ressentiments, que son beau-père, malgré son infatuation de lui-même, comprit enfin qu'il s'était jusqu'alors abusé à l'endroit de l'impression amoureuse qu'il croyait avoir causée à sa belle-fille ; il était de plus aussi lâche que scélérat ; les ciseaux dont Henriette semblait si parfaitement résolue de se servir comme arme défensive, étaient longs et fort acérés ; M. Stanislas craignit d'être éborgné ou du moins balafré, s'il persistait dans son entreprise, et ne sachant d'ailleurs à quoi attribuer ce qu'il regardait comme un revirement soudain, inexplicable, dans les sentiments de sa belle-fille, la veille encore, selon lui, si tendrement disposée à son égard, il dit sans cacher son désappointement en se reculant :

— Je n'y comprends plus rien... Allons, calmez-vous, Henriette... ne nous fâchons pas, et expliquons-nous en bons amis... Comment, diable! se fait-il qu'après avoir, hier... sollicité, pour ainsi dire, de moi, un aveu d'amour... je vous trouve aujourd'hui si tigresse ?...

— Hier... monsieur... j'ai voulu savoir jusqu'où pouvait aller votre infamie... aujourd'hui, je le sais...

— Ainsi... vous ne m'aimez pas ?

— Vous êtes, à mes yeux, ce qu'il y a au monde de plus vil, de plus abject.

— Mademoiselle... ces expressions...

— Ces expressions ne suffisent pas à exprimer le dégoût, l'exécration que vous m'inspirez... Ma mère, cédant à un sentiment de pitié, vous a tiré d'un état de gêne... voisin de la misère, alors que, pour l'appât de quelques dîners, vous faisiez le métier de bouffon payé.

— Ces insultes, mademoiselle, — s'écria M. Gabert pourpre de colère, — ces insultes...

— Ma mère, cédant à la crédulité d'une âme loyale et généreuse, vous a livré la gestion de sa fortune et de la mienne... vous la dissipez au jeu et dans l'orgie... avec l'impudence du laquais qui friponne un maître trop confiant.

— Oh!... prenez garde... insolente fille... ne me poussez pas à bout!

— Allons, monsieur, vous êtes trop vil, pour n'être pas lâche, vos menaces sont ridicules — répondit Henriette, toisant son beau-père d'un regard dédaigneux; et haussant les épaules, elle ajouta : — Ainsi, après avoir épousé ma mère par un ignoble calcul d'intérêt, non-seulement vous la ruinez, mais vous voulez me suborner... moi, sa fille... moi qui la révère autant que je l'aime! Et votre modestie égalant vos mérites, monsieur, vous vous êtes naturellement imaginé que je ne saurais rester insensible à vos grâces de porte faix, à vos lazzis de bouffon, à vos cadeaux outrageants; et ainsi, parce que hier, avant de prendre une résolution suprême, j'ai voulu juger de toute la noirceur, de toute la bassesse de votre âme, en m'imposant le supplice d'entendre votre indigne aveu... vous osez entrer ce matin chez moi! vous osez, aveuglé par une fatuité, peut-être encore plus imbécile qu'elle n'est infâme, voir en moi votre complice? En vérité, monsieur, l'on ne peut se montrer à la fois plus criminel et plus stupide!... Maintenant sortez... vous savez désormais en quelle estime je vous tiens... vous, mon beau-père... vous, mon tuteur...

XXI

Il est impossible de peindre la chaste indignation, la hauteur écrasante, l'ironie acérée, le dédain vengeur, dont étaient empreintes les paroles de cette jeune fille de dix-sept ans à peine, qui puisait, dans l'exaltation de sa généreuse colère, une assurance, une âpreté de langage peu ordinaire à son âge. M. Stanislas, atterré, foudroyé, avait écouté sa belle-fille sans l'interrompre ; cet homme était abject, lâche et ridicule : il ne s'ensuit point qu'il ne fût pas féroce, il l'était ; ou plutôt il le devint, à mesure que la réalité prit la place de ses espérances déçues. Cette espèce de misérables, infatués d'eux-mêmes, ressentent plus que l'on ne saurait se l'imaginer les blessures faites à leur grossière vanité ; aussi sa rage et bientôt sa haine contre sa belle-fille atteignirent à leur comble, lorsqu'avec un mépris sardonique, elle parla des grâces de portefaix, des lazzis de bouffon et de l'imbécile fatuité de son prétendu séducteur ; les dents serrées, les poings crispés, l'œil injecté par la fureur, M. Gabert, s'il avait eu le courage de dominer la crainte que lui inspiraient les ciseaux dont Henriette était armée, se fût porté contre elle aux dernières violences ; mais il se contint, resta muet, et lorsque sa belle-fille eut terminé ses sanglants reproches par ces mots : « Vous saurez désormais en quelle estime je vous tiens... vous, mon beau-père, vous, mon tuteur ! » il s'écria d'une voix étranglée par le courroux :

— A mon tour, chère et aimable belle-fille !... A cette heure tu es bien méprisante, bien fière n'est ce pas... tes ciseaux à la main ?... hé bien !... écoute ceci... et retiens-le : avant qu'il soit un mois... si gracieux porte-faix que je sois, si bouffon et si imbécile que je sois, c'est à genoux, les mains jointes, que tu viendras te mettre à ma discrétion...

— Sortez, monsieur... votre vue me révolte, et vous déraisonnez.

— Je te répète, trop chère et trop aimable belle-fille, qu'avant un mois tu seras à ma discrétion... je te tiens... ou plutôt je te tiendrai par ta mère.

— Que dit cet homme ?

— Ah ! que dit cet homme ? cette menace te mord au cœur, hein ? Hé bien ! cet homme dit ceci, et ne l'oublie pas :

— Si tu n'es pas gentille pour moi... ma pauvre vieille, qui se croit encore en pleine lune de miel... fera connaissance avec la lune rousse... et même avec la lune noire !

— Qu'entends-je !...

— Tu trembles... oh ! je te tiens !... tu l'as dit : dans mon imbécile fatuité, je me trompais... je te croyais jalouse de ta mère, tandis que tu l'adores... j'en suis certain maintenant... or, moi, je réponds d'une chose... c'est que ta mère aura dans notre ménage mangé, comme on dit, son pain blanc le premier... car celui qui l'attend sera si dur... qu'elle y cassera ses vénérables quenottes, si tu continues de te montrer pour moi une farouche tigresse... C'est te dire, mon adorée pupille et belle-fille, que le repos, le bonheur de ta mère sont entre tes mains... Crois-moi, malgré mes grâces de porte faix, mes lazzis de bouffon, mon imbécile fatuité, — ajouta M. Gabert, revenant malgré lui à ces sarcasmes d'Henriette, dont il se sentait incurablement ulcéré, — réfléchis bien à mes paroles, je te donne vingt-quatre heures pour te décider à être aimable... tu m'entends?... sinon, tu verras de quelle façon je commencerai à tambouriner ma vieille ! A revoir, mon adorée pupille... Au revoir, ma belle-fille chérie... — dit M. Gabert avec un ricanement sardonique en sortant brusquement de la chambre de la jeune fille, qu'il menaça du poing.

XXII

Environ deux heures après l'entretien de son mari avec sa belle-fille, madame Gabert revint du marché dans sa voiture encombrée de comestibles. Henriette se hâta d'aller rejoindre sa mère, qui lui dit gaiement :

— Ce cher Stanislas pourra se vanter de donner à ses amis, comme il le dit, un véritable festin de Lucullus... J'ai raflé au marché des Jacobins ce qu'il y avait de plus beau en gibier, poisson, volaille et... — Mais, remarquant seulement alors l'altération des traits de sa fille : — Ah ! mon Dieu, comme tu es pâle ! tu t'es donc ressentie cette nuit de ton indisposition d'hier... chère enfant ?

— Oui, maman, j'ai été souffrante cette nuit, je me trouve mieux ce matin. J'ai à causer longuement avec toi...

— Tu dis cela d'un air bien sérieux.

— Il s'agit d'un entretien sérieux... ma mère, et...

— Encore une fois, ma pauvre chère enfant, j'en reviens là..., comme tu es pâle — reprit madame Gabert, interrompant sa fille et l'observant avec une tendre sollicitude, — je t'en prie... dis-moi la vérité... tu es plus souffrante que tu ne veux le paraître... Je vais tout de suite envoyer chercher un médecin.

— C'est inutile, maman ; à cette heure, ce n'est pas de la souffrance que j'éprouve, mais une grande tristesse... elle a pour cause l'objet de l'entretien que nous allons avoir ensemble...

— Tu m'inquiètes! de quoi s'agit-il donc?

— Ma mère... tu ne doutes pas de ma tendresse, de ma vénération pour toi?

— Pourquoi en douterais-je?... Il n'est pas au monde un cœur meilleur que le tien... et je crois à ton attachement comme je crois à mon existence.

— Ainsi, quoi qu'il arrive, bonne mère, tu resteras toujours persuadée que je t'aime... autant que tu m'aimes...

— Certainement... mais tu dis : quoi qu'il arrive... que peut-il donc arriver?

— Si, par exemple, nous étions momentanément séparées?

— Séparées! comment cela?

— Suppose que je quitte cette maison pendant quelque temps.

— A quoi bon cette supposition, puisqu'elle ne se réalisera jamais?

— Qui sait... maman?

— Moi, je le sais... je te déclare même que lorsque tu te marieras, je n'entends pas que nous nous séparions...

nous ferons ménage tous quatre, toi et ton mari, moi et ce cher Stanislas.

— Je ne fais aucune allusion à des projets de mariage; de pareils sujets sont d'ailleurs tellement loin de ma pensée, que... — Et s'interrompant : — Maman, ce que je vais te dire... te semblera bien extraordinaire.

— Achève...

— Loin d'avoir des idées de mariage, je désirerais retourner en pension... afin d'y terminer, d'y perfectionner mon éducation.

Madame Gabert contempla d'abord sa fille sans dire un mot, ne pouvant croire à ce qu'elle entendait. Puis elle reprit abasourdie :

— Qu'est-ce que cela veut dire... retourner en pension... perfectionner ton éducation?

— C'est pourtant bien simple, maman, je désire...

— Mais ça n'a pas le bon sens? Est-ce que tu n'as pas suffisamment d'instruction? Encore une fois, je ne comprends pas ce que tu veux dire, avec ta pension... il me semble que je rêve!

— Je l'avoue, cette détermination de ma part doit te surprendre; cependant, j'espère qu'elle aura ton approbation...

— Henriette... tu n'y songes pas, — balbutia madame Gabert, dont les yeux devinrent humides, — me quitter... pour aller, dis-tu, achever ton éducation en pension... jamais jusqu'ici tu n'avais eu cette idée... A propos de quoi te vient-elle si subitement? Et puis, d'ailleurs, pourquoi quitter la maison?... est-ce que tu ne peux pas faire venir ici autant de professeurs qu'il te conviendra d'en avoir?

Est-ce que ton beau-père et moi nous te refuserons jamais quelque chose?

— Permets-moi de te faire observer, maman, qu'il existe dans les institutions un ensemble d'études que l'on ne rencontre que là... et auquel les professeurs ne sauraient suppléer...

— Ainsi... toi, Henriette... que j'aime tant... toi qui es tout pour moi! — reprit madame Gabert d'une voix entrecoupée de larmes, — tu me sacrifierais à la vanité d'augmenter ton instruction? je ne crois pas cela... je connais trop ton cœur, mon Henriette... Cette brusque résolution de me quitter, de me délaisser, n'est pas naturelle... il y a là-dessous quelque chose que tu me caches... Non, tu ne me dis pas tout...

Et tressaillant, frappée d'une idée soudaine, madame Gabert s'écria avec une expression de douleur croissante:

— Grand Dieu! je crains de deviner... Henriette, je t'en conjure, sois sincère... tu t'en souviens, hier, je t'ai tendrement reproché ta froideur croissante envers mon mari; tu l'as attribuée à différentes causes, entre autres, à ses prodigalités; cependant tu l'as amicalement grondé à ce sujet, il a écouté tes raisons; vous sembliez être de bon accord... et voilà qu'aujourd'hui tu veux tout d'un coup te séparer de nous, sous prétexte de perfectionner ton éducation! Est-ce que c'est probable? Tiens, vois-tu, Henriette, — ajouta la pauvre femme en sanglottant, — je finirai par croire que tu as pris, sans savoir pourquoi, ton beau-père en aversion... Ah! s'il en était ainsi, ce serait le chagrin de toute ma vie!

— Ma mère... ma bonne mère... je t'en supplie... ne

t'afflige pas ainsi, — réprit Henriette navrée, — cette séparation ne sera peut-être pas de longue durée...

— Mais enfin ! que je sache au moins ce que tu as à reprocher à mon mari ! — s'écria madame Gabert avec une impatience douloureuse ; — lorsque les gens vous inspirent un pareil éloignement, on en dit au moins les causes.

— Il n'est point ici question de mon beau-père... je n'ai pas prononcé son nom...

— Ce nom t'aurait sans doute écorché les lèvres ? — reprit madame Gabert dont le chagrin devenait de plus en plus amer et irrité. — Tu es aussi par trop injuste !

— Écoute-moi, de grâce...

— Tu es... une ingrate !

— Ingrate... moi... envers qui ?

— Envers Stanislas...

— Je n'ai rien à répondre à cela.

— Je le crois bien... tu serais fort embarrassée de répondre ; il t'a comblée de preuves d'affection ; tu l'en récompenses en cédant, comme tant d'autres, à ce vilain préjugé, qui fait que l'on voit un ennemi dans son beau-père...

— Mais... je...

— Et c'est moi qui porte la peine de ton aversion ! tu sais combien je t'aime, combien il me serait pénible d'être séparée de toi, et rien ne t'arrête... Tiens... Henriette... veux-tu que je te dise une chose... tu ne m'as jamais aimée !

— Bonne mère, ce reproche, s'il était mérité, me serait cruel... mais il ne peut m'atteindre... moi qui ne vis que pour toi, tu le sais...

— Ce que je sais... c'est que, pour rien au monde, je ne deviendrai complice de tes incroyables caprices ou de ton injurieuse aversion pour mon mari : tu ne quitteras pas la maison.

— Quoi... tu t'opposes?...

— Je m'oppose formellement à ce que tu retournes en pension... Et Stanislas s'y opposera comme moi en sa qualité de tuteur.

— Oh! mon père! mon père! jamais plus qu'aujourd'hui je n'ai ressenti la douleur de ta perte! — dit Henriette en levant au ciel ses yeux humides de larmes. — Puisses-tu, pauvre chère mère, ne jamais connaître toute l'étendue... de notre malheur!

— Si vous rappelez le souvenir de votre père... en façon d'insulte à l'adresse de mon mari... vous pouviez vous en dispenser... Stanislas m'a rendue, me rend plus heureuse que je ne l'ai jamais été pendant mon premier mariage!

Henriette rougit d'indignation et de douleur, en entendant comparer son père au misérable qui voulait la suborner. Elle fut au moment d'éclater, d'arracher sa mère à son funeste aveuglement; mais elle n'osa porter ce coup à cette malheureuse femme, garda un moment le silence en la contemplant avec une compassion profonde. Puis revenant à son dessein, elle reprit d'une voix ferme :

— Maman, une dernière fois, je t'en conjure... permets-moi de retourner en pension pendant quelque temps?

— Non, non, cent fois non...

— Eh bien ! ton refus m'oblige de te déclarer que je suis résolue... invinciblement résolue de ne plus habiter sous le même toit que mon beau-père...

— Ainsi, vous l'avouez, malheureuse enfant ! — s'écria madame Gabert exaspérée, — vous haïssez mon mari ! Votre désir de rentrer en pension n'était qu'un prétexte...

— Soit... mais je ne resterai pas ici... ma mère !

— Vous osez...

— Je le répète... aucune puissance humaine ne me forcera de rester ici.

— Et moi je vous dis que vous y resterez... Ce sera, s'il le faut, votre punition... fille ingrate... fille indigne...

— Ma mère ! — s'écria Henriette, dont la conscience et la fierté se révoltèrent à ces injures imméritées. — Ces paroles sont cruelles et... — Mais s'interrompant, la jeune fille ajouta d'une voix attendrie : — Non, ces paroles ne peuvent me blesser... je ne peux pas même te les reprocher... ma résolution de quitter cette maison doit te sembler inexplicable, pauvre bonne mère... Mon Dieu... si j'osais.., si je pouvais parler... te faire connaître la cause de mon aversion pour cet homme.

— Cet homme ! Oser traiter ainsi celui qui vous a comblée... dont vous ne devriez prononcer le nom qu'avec respect et affection... sortez de devant moi... vous êtes une mauvaise enfant... — Et sa colère, cédant à la douleur, madame Gabert fondit en larmes en murmurant : — Ah ! malheureuse mère que je suis !

XXIII

Henriette Dumesnil ne put résister aux larmes de sa

mère et se résigner a subir sa désaffection ; elle reconnut seulement alors les dangers de la détermination qu'elle avait prise dans le but d'échapper aux obsessions de son beau-père, espérant qu'éloignée de la maison, il renoncerai à des tentatives désormais vaines, et qu'ainsi sa mère échapperait aux vengeances de cet homme ; se rapprochant donc de madame Gabert qui, éplorée, s'était assise dans un fauteuil, la jeune fille s'agenouilla devant elle, prit ses mains, les baisa tendrement, puis, d'une voix profondément émue :

— Maman... pardon...

— Non... laissez-moi... — répondit la pauvre femme attendrie par l'accent, par le rehard de sa fille. — Laissez-moi... vous m'avez fait un mal affreux...

— Maman...

— Non... ne comptez pas sur ma faiblesse...

— Encore une fois... pardon... bonne mère, — répondit Henriette, redoublant ses caresses. — J'aurais dû te parler en toute sincérité... mais le courage m'a manqué...

Madame Gabert, désarmée, ne s'arrêta pas au sens assez obscur des dernières paroles de sa fille. Et, l'attirant contre elle, l'embrassa passionnément à plusieurs reprises, lui disant :

— Tu me demandes pardon, je te l'accorde, pauvre enfant ; et moi aussi, je te demande pardon de t'avoir traitée si durement... mais que veux-tu... je... — Et s'interrompant... — Tiens... je te le demande en grâce... plus un mot de ce qui vient de se passer... Redevenons heureux, unis comme auparavant... que ce mauvais jour soit à jamais oublié... chère enfant, — ajouta madame Gabert en embrassant encore sa fille. — Mon cœur tout à l'heure si serré, si navré, s'épanouit près du tien... vas... chérie... nous ne sommes pas faites pour nous bouder... mais pour nous aimer...

— Oui, oh! oui, bonne mère... et jamais nous n'aurons eu davantage besoin de compter sur notre mutuelle affection... aussi, je le reconnais, j'étais coupable... j'étais lâche en prenant la résolution de fuir cette maison : je ne songeais qu'à me soustraire à un danger personnel, et je te laissais seule... sans appui, sans défense... Pardon... mère, encore pardon... j'aurai du courage... et toi aussi... Nous nous soutiendrons, nous n'aurons rien à craindre... et à nous deux, vas... nous serons bien fortes!!

— Que veux-tu dire... que parles-tu de courage... d'être bien fortes à nous deux? contre qui... serons-nous fortes?

— Contre les méchants... contre l'adversité...

— Je ne te comprends pas...

— Mère... il faut t'attendre à une révélation inattendue... affreuse... si affreuse... vois-tu... que d'abord... tu... tu auras de la peine à y croire!

— Henriette... qu'est-ce que cela signifie? Mon Dieu... voilà encore mon cœur qui se serre... comme tout à l'heure... tes yeux se remplissent de larmes...

— Hélas... tu vas tant souffrir... tant souffrir...

— Tu me fais peur...

— Oui, tu dois trembler! Ce que j'ai à te révéler, te dis-je... vois-tu... est horrible... ma mère, c'est le coup le plus douloureux que tu puisses recevoir!?

— Mais tu me mets à la torture, malheureuse enfant.. Je ne sais plus où j'en suis, achève donc au moins!

— Tu es indignement abusée... trompée... trahie...

— Par qui?...

— Par un homme qui te doit tout... et te paye de la plus noire ingratitude... devines-tu?

— Non... quel homme?...

— Mon beau-père!!

— Comment?... s'écria madame Gabert. — Et tu viens de me demander pardon, et tu recommences!!

— Je voulais quitter cette maison... sais-tu pourquoi?... parce qu'il m'aime...

— Eh bien!... quoi?... il t'aime... qu'est-ce qu'il y a d'étonnant à cela? Je me tue à te le répéter, qu'il t'aime!

— Mon beau-père m'aime d'amour...

Madame Gabert recula d'un pas avec épouvante, puis foudroyée par cette révélation, le regard dilaté, les lèvres entr'ouvertes, le sein palpitant, elle joignit les mains et balbutia :

— Mon Dieu!... ah! mon Dieu!... ayez pitié de moi!

Henriette poursuivit d'une voix altérée :

— Ce matin, mon beau-père, après t'avoir éloignée ainsi que les domestiques... est entré dans ma chambre... il m'a fait l'aveu de son exécrable amour...

— Ça n'est pas vrai!! vous êtes une menteuse! — s'écria madame Gabert pourpre d'indignation. Et menaçant sa fille du geste : — C'est une invention de votre haine contre mon mari... vous voulez le perdre à mes yeux... vous avez imaginé cette infamie... je ne vous crois pas... je ne veux pas vous croire... laissez-moi... sortez!

— Je le savais, ma mère, — reprit Henriette avec un sourire navrant, — cette révélation est si horrible... que tu ne peux y croire...

— Vous mentez! Mon Dieu! une enfant de dix-sept ans à peine montrer tant d'audace dans le mensonge, tant de perfidie, tant de méchanceté!... Voilà donc où peut conduire la haine!

— Écoute-moi!

— Vous mentez! Il ne suffit pas de haïr mon mari... vous voulez le rendre un monstre à mes yeux... et c'est vous qui êtes un monstre! ah!... je vous connais trop tard.

— Je t'en conjure... écoute-moi.

— Abomination!! je vais sur-le-champ instruire mon mari de cette calomnie, — s'écria madame Gabert, en faisant un pas vers la porte et menaçant Henriette: — Fille indigne, vous vouliez quitter la maison... hé bien! maintenant vous la quitterez... entendez-vous, que vous vouliez ou non! Retournez en pension... restez-y... je ne pourrais plus maintenant vous regarder en face... vipère que vous êtes... et mon mari va savoir à l'instant...

— De grâce, en ce moment... pas un mot de ceci... à mon beau-père... mais je te prouverai que...

— Voyez-vous... voyez-vous... vous tremblez d'être démasquée...

— Hé bien! ma mère... puisqu'il le faut... vous allez entendre sur l'heure... entendre de vos oreilles, mon beau-père... me réitérer l'aveu de son affreux amour...

— Que dit-elle?...

— Vous allez sur l'heure entendre cet homme me déclarer que si je lui résiste, vous serez victime de sa vengeance!... Venez, ma mère... venez, il le faut.

Henriette Dumesnil, par l'accent de sa voix, par son

geste, par l'irrésistible influence de la **vérité**, domina tellement sa mère, que celle-ci, frissonnant d'effroi, balbutia :

— Dieu du ciel! me rendre témoin de pareilles horreurs, serait-ce possible!... Non... non, laissez-moi... je ne sais plus où j'en suis... vous me rendez folle.

— Viens, ma mère, viens, pauvre abusée... pauvre victime du plus scélérat des hommes, viens, cette épreuve sera cruelle... mais nécessaire... ma tendresse te consolera... et, toutes deux, nous serons fortes contre lui... viens!

— Mais où cela ? — répondit madame Gabert tremblante, éperdue et suivant, presque malgré elle, sa fille, qui la conduisait par la main. — Où voulez-vous que j'aille?..

— Là... où je pourrai te convaincre de la réalité... si horrible qu'elle soit... viens... viens...

Madame Gabert, se soutenant à peine, **suivit Henriette**, et toutes deux sortirent du salon.

XXIV

Pendant que madame Gabert et sa fille avaient eu ensemble l'entretien précédent, M. Gabert conférait de son côté avec son ami, M. Frémion. Ce personnage appartenait à cette classe de gens dont la plantureuse existence serait un problème insoluble, si l'on ne savait combien la plus basse flatterie, si grossièrement exploitée qu'elle soit, est toujours d'un produit assuré; en un mot, M. Frémion était le flatteur assidu de M. Gabert; et, grâce à ses plates flagorneries, à son obséquiosité touchant au valetage, le flatteur vivait grassement de sa dupe, avait son couvert mis chez elle, lui empruntait fréquemment des sommes assez rondes, et encourageait ses mauvaises passions, qui avaient souvent besoin, sinon d'encouragement, du moins de stimulant. Il va de soi, que M. Frémion était depuis longtemps confident de l'abominable amour de son ami pour sa belle-fille, et qu'en ce moment, leur conversation roulait sur ce sujet.

— Tu es un Richelieu, un Lauzun... mais, en cette circonstance, tu te conduis comme un niais, — disait M. Frémion à son ami, avec autorité. — Je te l'ai cent fois répété... il te manque une qualité essentielle... à savoir : la légitime audace que devrait te donner la conscience de ta valeur personnelle! Tu es l'un des plus beaux hommes que l'on puisse voir... en un mot, un miroir à... bonnes fortunes ; tu as la tournure d'un gentilhomme d'excellentes manières... Ce n'est point moi qui dis cela : ce sont les femmes. Elles sont bons juges et te l'ont cent fois prouvé. Tu les connais parfaitement; tu es très-fin, très-spirituel, très-entreprenant, tu mènes l'amour à la houzarde... et cela te réussit; enfin, tu es très-grand seigneur dans tes dépenses ; et à voir avec quelle noble aisance tu perds au jeu ou tu ouvres ta bourse à tes amis, on te prendrait bien plutôt pour un marquis ou pour un duc, que ces flandrins titrés qui ne te vont pas à la cheville, et qui, au vis-à-vis de toi, ont l'air de paltoquets... Mort-Dieu ! si le hasard t'avait donné cinq cent mille livres de rente, je déclare que tu les aurais princièrement dépensées... Voilà ton bilan, — ajouta M. Frémion, voyant son ami délicieusement savourer ces ridicules louanges, dont il ne se rassasiait jamais. — Et cependant, tout roué, tout séduisant scélérat que tu sois, ta défiance de toi-même te nuit énormément... et notamment en cette circonstance-ci, où tu es assez incroyablement modeste... ou plutôt assez niais... tant pis... je dis le mot dans ma franchise brutale... tu es assez niais pour douter du succès... Cette petite fille t'adore...

— Elle m'adore... elle m'adore, et tout à l'heure encore elle m'a traité avec une insolence...

— Comment?... toi... Stanislas?... toi... si roué... tu crois à cela?

— Parbleu... si tu l'avais entendue... parler de mes bonnes grâces de portefaix?

— Hé... parbleu... le dépit!

— Et mes lazzis de bouffon payé?

— Le dépit!

— Et mon imbécile fatuité?

— Le dépit! le dépit!

— Allons donc... et ses ciseaux, dont elle me menaçait de m'éborgner?

— Toujours et plus que jamais, le dépit!

— Au diable!... tu veux que je croie...

— Je veux que tu croies la vérité... en d'autres termes, que cette petite fille raffole de toi... et t'aime en forcenée!

— Hé... je l'ai cru aussi... mais...

— Mais... tu t'arrêtes aux apparences... ta maudite modestie te rend stupide, aveugle! Moi, qui heureusement ne suis point aveugle, j'ai vu quels regards passionnés cette Agnès te lançait à la dérobée... oui, et cela avant-hier encore...

— Avant-hier encore ?

— Certainement, après dîner... elle était assise auprès du piano, le front appuyé sur sa main, afin de cacher ses yeux ; mais moi qui l'observais, je m'apercevais qu'elle ne te quittait pas du regard...: tu ne pouvais faire un mouvement sans qu'elle le suivît... que te dirai-je?... Elle te mangeait, elle te dévorait des yeux.

— Ah! Frémion! — dit M. Gabert d'un ton méditatif, — quel abîme que le cœur des femmes !

— Aussi, te dis-je qu'il ne faut pas t'arrêter à la surface des choses ; et pour revenir à mes observations d'avant-hier, lorsque tu as pris ton chapeau afin de nous en aller, tu as dit à ta femme : Bonsoir, ma vieille, en lui pinçant ses grosses joues... tu te rappelles cela ?

— Oui.

— Eh bien! ta belle-fille t'aurait, en ce moment-là, brûlé la cervelle, si ses yeux avaient été des pistolets... Elle t'a lancé un regard effrayant. Cette fille-là, vois-tu, a des passions italiennes, africaines!.. sauvages... enfin tout ce qu'il y a de plus violent !

— Le fait est que cette violence est écrite sur sa figure pâle, aux grands sourcils noirs... Si tu l'avais vue ce matin... elle avait l'air d'une tigresse...

—Tigresse de jalousie... elle est persuadée que tu adores ta femme.

— Je lui ai protesté du contraire!

— Mort-Dieu! mon cher, ce ne sont pas des paroles qu'il faut à ces natures passionnées, impérieuses, comme celle de cette petite fille... ce sont des actes... Elle s'imagine que, malgré tes assurances, tu veux ménager à la fois la chèvre et le chou... la chèvre, c'est ta vieille... et le charmant petit chou... c'est ta belle-fille.

— Farceur de Frémion!

— Or, comme tu es de ces hommes que les femmes innocentes ou usagées tiennent à garder pour elles seules, ton Agnès, furieuse, t'a, ce matin, accablé de mépris, d'injures, de sarcasmes ; en ce moment-là, elle te haïssait, elle t'abhorrait.

— Cela m'explique l'expression de sa figure...

— Aussi, sais-tu ce qui m'étonne, Stanislas?

— Quoi donc?

— C'est qu'elle ne t'ait pas assailli à coups de ciseaux.

— Hum!! il s'en est fallu de peu qu'elle n'en vînt là!! Quelle enragée!!

— Pardieu! c'est tout simple; car, à son point de vue, à elle, elle avait le droit de te dire : « Misérable... vous osez « me parler d'amour, et je suis chaque jour témoin de vos « tendresses pour votre femme! Allez! vous êtes un lâche... « vous la craignez, parce que vous tenez d'elle votre for- « tune! »

— On te croirait devin! Elle m'a, en effet, adressé ce sanglant reproche.

— Je m'y attendais... Mais veux-tu voir un revirement soudain dans la manière d'agir de ton Agnès envers toi? Tambourine rudement ta vieille, comme tu le dis... Aussitôt la jalousie féroce de ta belle-fille s'évanouira et elle t'aimera comme elle doit t'aimer... en forcenée.

— Décidément, Frémion! tu as raison; j'étais un niais, en m'arrêtant aux apparences... et ma première pensée ne me trompait pas... cette petite m'adore...

— Tu es dans le vrai, scélérat de don Juan... Maintenant, profite de l'occasion, et, si tu m'en crois, réalise au plus tôt des capitaux (ce qui me fait songer à te demander cinq cents francs dont j'ai absolument besoin); tu enlèves ton Agnès, tu laisseras ta vieille à Paris, et nous irons passer la lune de miel... en voyage... Je dis nous, parce que tu m'emmèneras... J'ai la prétention d'être un bon et joyeux compagnon ; tu passeras de charmants moments entre l'amour et l'amitié...

— Ma parole d'honneur, Frémion... il n'y a que toi au monde pour vous mettre du baume dans le sang ; tout à l'heure, j'étais furieux, désespéré, car la résistance de ma belle-fille m'avait exaspéré à ce point... vois-tu, que... tôt ou tard...j'aurais été, je crois, capable d'un mauvais coup! Je ressentais un mélange de haine, de soif et de désirs effrénés... Elle était si belle en peignoir, les joues animées, les yeux étincelants!... Aussi je me disais... moi qui ne suis cependant guère courageux :

— Toi ? Stanislas ? guère courageux? — dit l'impudent flatteur en interrompant son ami. — Mort-Dieu ! tu es aussi par trop stupidement modeste! Toi manquer de courage! toi qui as la force d'un Hercule et la beauté d'un Apollon... toi dont la figure est si militaire... si crâne avec tes gros favoris, que lorsque, au billard, tu regardes quelqu'un de travers, il tremble dans sa peau... toi, manquer de courage... dis donc qu'il t'a manqué l'occasion de témoigner ta bravoure ! voilà tout!

— Ça se peut bien, car ce matin, en quittant ma belle fille... il me semble que j'aurais étranglé le premier qui me serait tombé sous la main, mille tonnerres!

— Tiens, Stanislas... si tu te voyais en ce moment... tu te ferais peur à toi-même...

L'entretien de ces deux hommes fut interrompu par Angélique, la vieille servante. Elle entra, après avoir frappé à la porte de la chambre à coucher de M. Stanislas, qui lui dit brusquement :

— Que voulez-vous?

— Mademoiselle Henriette prie monsieur de vouloir bien venir tout de suite chez elle... si cela ne dérange pas monsieur?

M. Gabert ne put contenir un geste de surprise et reprit:

— Où est ma femme?

— Madame est, je crois, sortie...

— Ma belle-fille est donc seule chez elle?

— Oui, monsieur.

— C'est bien... dis-lui de m'attendre un instant.

Aussitôt après le départ d'Angélique, M. Frémion, triomphant, s'adressant à son ami :

— Hé bien!... que te disais-je? me croiras-tu maintenant?

— Je connais les femmes... mais, ma foi, je l'avoue, tu parais les connaître mieux que moi...

— Enfin, est-ce clair? A peine sa mère est-elle sortie, que ta belle-fille t'envoie chercher? Tu lui avais donné vingt-quatre heures pour réfléchir... ses réflexions ont été bientôt faites... Elle est à toi, don Juan! Encore une victime... En as-tu sur la conscience... Dépêche-toi... l'heure du berger va sonner... je te laisse... Ah! j'oubliais mes cinq cents francs...

— Ce soir, à dîner, je te les donnerai, car je suis à sec... Il faut que je vende aujourd'hui un coupon de rente...

C'est incroyable comme l'argent file...

— Pourquoi es-tu si grand seigneur... Je te le répète, tu étais né pour avoir cinq cent mille livres de rente; mais, crois-moi, mon cher, vends tout ce qui te reste et réalise une bonne somme en or... Qui sait si demain, ou après, tu n'enlèveras pas ton infante?... Il faut être prêt à tout événement... et deux ou trois milliers de louis en caisse et une bonne voiture de voyage simplifient beaucoup les résolutions.

— C'est vrai.

— Ah çà... je suis de la partie, c'est entendu? nous rirons, ce sera charmant.

— Tu l'as dit, le vrai bonheur est entre l'amour et l'amitié.

— Donc, à ce soir... heureux coquin...

— A ce soir, — répondit M. Stanislas en posant complaisamment devant sa glace. Et après avoir donné un tour à ses cheveux, lissé ses favoris, il se rendit en hâte chez sa belle-fille.

XXV

Lorsque M. Gabert entra dans la chambre d'Henriette, celle-ci était assise près de sa table à ouvrage, non loin de laquelle s'ouvrait une porte communiquant à une pièce servant de lingerie; M. Gabert, triomphant et se rengorgeant dans sa suffisance, dit avec un ricanement sardonique :

— Oh! oh! j'étais certain que l'on s'amenderait... que l'on réfléchirait... petite tigresse...

— En effet, monsieur... j'ai réfléchi.

— Et le résultat de vos réflexions, ma chère pupille... mon adorée belle-fille, — demanda M. Gabert, contenant à peine sa joie et se disant : « Malgré ta fierté... je veux, « friponne, te forcer à m'avouer ton amour... »

— Monsieur, — répondit Henriette d'une voix haute et lente, pesant, accentuant très-distinctement chacune de ses paroles, vous m'avez fait, ce matin, l'aveu d'un amour... dont j'ai le droit d'être profondément blessée...

— Parce que vous êtes jalouse de ma vieille !

— Ce que vous dites là... monsieur... est infâme...

— Ah bah! — reprit M. Gabert assez décontenancé par la méprisante froideur de la jeune fille ; — si vous êtes dans les mêmes dispositions où vous étiez ce matin, dans quel but m'avez-vous donc mandé ici?

— Dans le but, monsieur, de m'adresser à votre générosité... vous ne sauriez être aussi méchant homme que vous le paraissez... vous m'avez menacée de rendre ma mère la plus malheureuse des créatures, si je persistais dans un refus que me dicte l'honneur, le devoir... vous avez cédé à un moment de funeste entraînement... et vous le regretterez, je n'en doute pas...

— Ah çà! c'est une plaisanterie, n'est-ce pas?

— Je vous en conjure, monsieur... ayez pitié de moi...

ne me forcez pas de choisir... entre mon déshonneur et le malheur de ma mère.

— Ainsi, vous m'appelez ici, ma chère, afin de réitérer purement et simplement vos refus, sous une autre forme? Ce matin, vous les accompagniez d'injures, de sarcasmes; et, à cette heure, vous avez recours à la prière, à la sensiblerie pour m'attendrir... voilà toute la différence... Allons donc! vous vous moquez du monde, vous ne pensez pas un mot de cela... Voulez-vous que je vous dise tout haut la vérité que vous pensez tout bas, méchante? — reprit M. Gabert retrouvant son imperturbable assurance, un moment ébranlée. Puis il ajouta d'un ton passionné, en se penchant vers la jeune fille et tâchant de s'emparer de l'une de ses mains : — La vérité... est que tu m'aimes en enragée... oh! ne le nie pas, petite diablesse... je connais les femmes! mais ce qui retient ton aveu est ta crainte de me voir partager mon cœur entre toi et ta mère... Rassure-toi, cher ange... dis un mot... je t'enlève, nous laissons mon imbécile de vieille à Paris, pour reverdir, et nous irons cacher notre amour où tu voudras...

M. Gabert, en prononçant ces derniers mots, voulut enlacer amoureusement la taille de sa belle-fille; mais celle-ci, échappant à cette étreinte, s'élança, ouvrit la porte de la pièce voisine, où madame Gabert, presque défaillante, venait d'assister, invisible, à cet entretien; et la serrant tendrement entre ses bras en présence de son beau-père stupéfait, Henriette s'écria :

— Ne crains rien... ma mère!... Je te l'ai dit... toutes deux, bien unies... nous serons fortes contre ce misérable... nous défierons sa haine et sa vengeance!

XXVI

Malgré son incroyable infatuation de lui-même et de sa foi absurde dans les pronostics et les assurances de son flatteur, M. Frémion, au sujet de la prétendue passion qu'il inspirait, lui, Stanislas, à sa belle-fille, ce misérable ne put cette fois se refuser à l'évidence du mépris, de l'horreur dont Henriette lui donnait une preuve irrécusable; il éprouva une écrasante déception, pâlit de rage ; sa haine, désormais implacable, contre ces deux malheureuses femmes, contractant son visage, lui imprima un caractère féroce ; ses yeux s'injectèrent de sang ; et, croisant ses bras sur sa poitrine, il contempla dans un farouche silence, Henriette qui, soutenant les pas chancelants de sa mère, la conduisit près d'un fauteuil où elle tomba en poussant un gémissement étouffé. Elle serrait convulsivement entre les siennes les mains de sa fille restée debout près d'elle, et semblait ainsi vouloir se mettre sous sa sauvegarde. En effet, puisant dans la gravité des circonstances une incroyable fermeté, jetant un regard de défi tranquille à son beau-père, Henriette lui dit avec un froid dédain

— Maintenant, monsieur, sortez... votre présence nous est insupportable...

— Ah! ma vieille! — reprit d'une voix sourde M. Gabert en montrant le poing à sa femme, — ah! tu m'espionnais ! Hé bien! après tout... tant mieux! La position à cette heure est nette... tu sais le sort qui t'attend... ma belle-fille aussi... c'est entre moi et vous deux... une guerre à mort...

— Malheureux... — balbutia madame Gabert suffoquée par les sanglots. — Ma fille... ma pauvre enfant, qu'allons-nous devenir?... Ah! nous sommes perdues... ce monstre est capable de tout...

— Oui, capable de tout! tu l'as dit, ma vieille... ainsi, juge de ce qui t'attend... et, quant à toi... mon adorée belle-fille... que le tonnerre m'écrase, si je renonce à mes projets... ton déshonneur sera ma plus douce vengeance... et je me vengerai, comptes-y...

— Mon Dieu!... — murmura madame Gabert en joignant ses mains et les levant au ciel, — Seigneur Dieu, ayez pitié de nous!

— Allons, mère, du courage, — reprit Henriette avec un admirable sang-froid, — ne t'alarme pas de vaines menaces... cet homme se vante...

— Vraiment! — s'écria M. Gabert, frappé malgré lui de l'impassible dédain de sa belle-fille, — vraiment, je me vante!

— Maman, — dit Henriette sans répondre à son beau-père, — cet homme te rendra, dit-il, la plus malheureuse des femmes... Je l'en défie...

— Voilà qui devient fort curieux, mon adorée belle-fille... expliquez-moi donc la chose?

— Volontiers, monsieur; vous venez, je le reconnais, de porter un coup cruel à ma mère... mais elle ressentira bientôt, en ce qui vous regarde, le calme profond du mépris et de l'oubli... Nous voici donc aussi tranquilles que si vous n'aviez jamais existé. Enfin, ma mère et moi, vivant cœur à cœur, tendrement unies et appuyées l'une sur l'autre, faites-moi donc, monsieur, la grâce de me dire ce que vous pourrez entreprendre contre nous?

— Mais, mon adorée pupille, je... je... attendez... je...

— Mais, monsieur, — poursuivit la jeune fille avec un accent d'ironie sanglante, — je n'hésite, certes, pas à vous déclarer le dernier des misérables; j'ajouterai même, afin de rendre un complet hommage à la vérité, que je vous sais capable de rêver les plus lâches, les plus noires scélératesses... cependant, il ne s'agit pas de vouloir le mal, il faut encore... le pouvoir...

— Henriette, prends garde! ne le pousse pas à bout! — murmura madame Gabert avec épouvante. — Sainte Vierge!... ne l'irrite pas... nous sommes perdues, ma pauvre enfant!...

— Ne crains donc rien, bonne mère... je le répète... je mets cet homme au défi de te rendre malheureuse... — Et s'adressant à son beau-père, stupéfait de tant d'assurance, Henriette ajouta : — La guerre est déclarée, dites-vous... voyons, monsieur... qu'entreprendrez-vous contre ma mère et contre moi? Expliquez-vous clairement...

— Ce que je ferai, mille tonnerres! — s'écria M. Gabert exaspéré par l'intrépide sang-froid de sa belle-fille, — ah! vous voulez savoir ce que je ferai?

— Oui... — répondit Henriette en le bravant du regard — parlez... j'écoute.

M. Gabert, fort embarrassé de la question, et surtout dominé, malgré lui, par l'indomptable dédain de sa belle-fille, ne sut d'abord que répondre, ainsi mis en demeure de développer ses plans de vengeance. Henriette, désirant surtout rassurer sa mère, désigna M. Gabert du regard, haussa les épaules, et reprit avec un sourire de dégoût :

— Tu le vois, maman... il suffit de marcher résolûment vers le fantôme pour qu'il s'évanouisse... Monsieur me paraît décidément peu inventif au sujet de ces vengeances dont il nous menace... Les fanfaronnades de sa haine égalent, si elles ne le surpassent, le ridicule de sa fatuité... Allons, monsieur, sortez... le plus grand tourment que vous puissiez nous infliger est votre présence... Je viens, vous le voyez par cet aveu, fort en aide à votre méchanceté, décidément peu inventive.

— Chère et brave enfant... tu me donnes du courage et bon espoir, — reprit madame Gabert, réconfortée par l'assurance de sa fille. — Oui, oui, tu l'as dit : toutes deux, bien unies, nous serons fortes contre ce misérable. Je l'ai cru honnête homme, il m'a intéressé, j'ai eu pitié de sa pauvreté, il me rend le mal pour le bien, il est plus à plaindre que moi !

— Plus à plaindre que toi !... tu radotes, ma vieille ! — s'écria M. Gabert, exaspéré, rompant enfin le silence où l'avaient réduit les sarcasmes de sa belle-fille. — Ah ! tu te crois au bout de tes peines... allons donc ! elles commencent. Ainsi, mon adorée pupille... tu me défies... tu me braves insolemment !... Tu me demandes en quoi je pourrai vous atteindre ? Hé bien ! pour commencer, je chasserai votre servante, et vous n'en aurez pas d'autre, car je suis le maître ici !

— Mère, tu entends cette terrible menace, dit Henriette en souriant ; — nous serons privées de servante... je pourrai t'entourer des soins les plus tendres... et tu n'auras jamais été mieux servie... — Puis s'adressant à son beau-père: — Voyons, monsieur, de quoi nous menacez-vous encore?

— Attendez!... — balbutia M. Gabert dont la fureur s'augmentait en raison de la dédaigneuse ironie de sa belle-fille. — Je puis demeurer où il me plaît; je donnerai congé de ce bel appartement, et je vous logerai toutes deux dans un galetas où je ne mettrai jamais les pieds...

— Mais c'est charmant... ma mère, nous serons ainsi à jamais délivrées de l'odieuse présence de cet homme, — dit Henriette; — que pouvons-nous désirer de mieux?

— Et ce galetas, nous le partagerons ensemble, chère enfant, — ajouta madame Gabert. — Voilà-t-il pas une grande privation, après tout!

— Encore deux ou trois menaces de cette force-là... — reprit Henriette, — et nous n'aurons jamais été plus heureuses.

Ce dernier sarcasme et le sang-froid méprisant de la jeune fille portèrent à son comble l'exaspération de son beau-père, et, l'œil sanglant, les dents serrées, l'écume aux lèvres, il fit un pas vers les deux femmes avec un geste si menaçant, que madame Gabert jeta un cri de terreur et fit un mouvement afin de couvrir sa fille de son corps; mais celle-ci, prompte comme l'éclair, saisit dans son panier à ouvrage, non plus des ciseaux ainsi qu'elle avait fait le matin pour se sauvegarder des violences de son beau-père, mais un couteau de table fort affilé, dont elle s'était précautionnée avant ce nouvel entretien; et, ainsi armée, se plaçant devant sa mère, et son beau visage empreint d'une résolution indomptable, elle lança un tel regard à son beau-père, que celui-ci, toujours couard, malgré sa rage, recula d'un pas, tandis que sa femme, au comble de l'effroi, s'efforça d'attirer sa fille à elle, en murmurant:

— Prends garde... ma pauvre enfant!... ne t'expose pas pour moi, je t'en supplie...

— Ne crains rien, ma mère; un homme capable de menacer des femmes est toujours lâche... — Et s'adressant à son beau-père: — Si vous faites un pas... je vous frappe... ma main est faible, mais elle deviendra forte... pour défendre ma mère.

M. Gabert n'osa bouger, se mordit les poings, resta muet et en proie à une fureur réfléchie.

— Hélas! murmura madame Gabert, d'une voix tremblante et éplorée, — telle va donc être notre vie désormais, toujours sur le qui vive, toujours en crainte d'être maltraitées par cet homme... C'est horrible... Ah! ma pauvre enfant, le ciel me punit et m'éclaire... c'est maintenant que je comprends tout ce que valait ton père... et quelle perte nous avons faite... Mon mariage était presque un outrage à sa mémoire... je subis la peine de mon ingratitude et de mon aveuglement... Malheur à nous! malheur à nous!

— Je t'en conjure, ma mère... pas de faiblesse... nous n'avons rien à redouter... nous ne sommes pas, grâce à Dieu, dans un pays sauvage. Est-ce qu'après tout, la loi ne doit pas nous protéger? Oui, — ajouta Henriette, en s'adressant à son beau-père, — oui, la loi... j'y songe un peu tard, mais il n'importe, Ah! vous osez nous menacer de de nous imposer de dures privations, de nous loger dans un galetas; mais, monsieur, en y réfléchissant, cela me paraît simplement insensé; vous êtes dépositaire de la fortune de ma mère et de la mienne, vous en devez compte... ce me semble. D'ailleurs afin de nous éclairer positivement à ce sujet, nous allons aujourd'hui, ma mère et moi, consulter un homme de loi, l'instruire de vos menaces et de leur cause... Vous pâlissez, monsieur... cela me prouve que mon projet est bon ; oui, nous saurons si, après avoir probablement à demi ruiné ma mère et moi, vous pouvez impunément nous réduire à la misère, et répondre par des menaces de mauvais traitements au mépris que vous nous inspirez, me mettre, enfin, dans la nécessité de défendre ma mère à coups de couteau... — Et prenant le bras de madame Gabert, — viens, chère mère, allons de ce pas chez un homme de loi. — Et toisant son beau-père d'un regard de défi :

— Osez donc, monsieur, employer la force, pour nous empêcher de sortir d'ici.

M. Gabert avait, en effet, pâli et tressailli d'inquiétude, en entendant sa belle-fille le menacer d'aller invoquer les lumières d'un homme de loi et l'instruire de tant de faits exécrables; aussi, appréciant la gravité d'une pareille menace, mais espérant assouvir sa haine croissante et féroce contre sa belle-fille et sa femme, il se résolut, non de renoncer à ses projets de vengeance, mais de les suspendre et de les modifier. Il appela, en cette extrémité, l'hypocrisie à l'aide de sa lâche scélératesse ; après avoir paru longuement réfléchi, il s'efforça de dissimuler ses noirs ressentiments, de donner à ses traits une expression presque contrite ; il reprit avec un accent de regret :

— J'ai eu, je l'avoue, des torts... de grands torts envers

vous, ma femme... envers vous, ma belle-fille...; j'ai cédé à un mauvais entraînement... Du reste... je comprends très-bien qu'après ce qui s'est passé entre nous, nous ne pouvons plus guère désormais vivre ensemble; je vous demande quelques jours pour me résoudre à un parti quelconque; d'ici là, vivez toutes deux, comme vous l'entendrez, rien ne sera changé aux habitudes de la maison ; seulement, je n'y dînerai plus, puisque ma présence vous est odieuse. Maintenant, allez consulter, si bon vous semble, un avocat, je suis prêt à rendre compte, à qui de droit, de la gestion de votre fortune à toutes deux; je puis avoir des défauts, mais je suis un honnête homme...

Après avoir emphatiquement accentué ces derniers mots, M. Gabert quitta sa belle-fille et sa femme, qui se jetèrent dans les bras l'une de l'autre.

— Henriette... mon enfant chérie... ton esprit, ton sang-froid, ton courage nous ont sauvées, — dit madame Gabert avec expansion, en embrassant tendrement sa fille. Et la crédule créature ajouta : — Nous n'avons plus rien à redouter de ce malheureux... il a, du moins, conscience du mal qu'il a fait... son repentir est, je le crois, sincère...

— Bonne mère, prends ton chapeau et sortons.

— Où allons-nous?

— Chez monsieur Dubreuil, le célèbre avocat... Je me souviens maintenant de l'avoir vu quelquefois chez mon père...

— Tu ne crois donc pas au repentir de mon mari?

Henriette Dumesnil secoua tristement la tête et répondit :

— La haine de cet homme contre nous sera désormais

13.

inexorable... J'ai bravé sans crainte les menaces, les brutalités de mon beau-père... son hypocrisie m'épouvante.

XXVII

L'avocat Dubreuil reçut la visite de madame Gabert et d'Henriette. Celle-ci, par pudeur et par respect de soi, garda le silence sur les odieuses poursuites de son beau-père, mais se joignit à sa mère pour accuser cet homme de dilapider les biens dont il avait la gestion et de manquer à ses devoirs de tuteur et d'époux. Ces accusations incomplètes, vaguement formulées, ne devaient pas paraître à l'avocat aussi graves qu'elles l'étaient réellement. Cependant, il les accueillit avec réflexion, faisant toutefois observer à Henriette et à sa mère qu'il ne pouvait leur donner de conseils décisifs avant d'avoir mandé M. Gabert dans son cabinet, afin de l'instruire officieusement des reproches et des soupçons dont il était l'objet, et d'écouter ses réponses à cet égard.

Cette conférence eut lieu. M. Gabert se rendit chez l'avocat, après s'être concerté avec son ami Frémion, et devina bientôt qu'aucune allusion n'avait été faite par les plaignantes à son amour pour sa belle-fille. Il ne nia pas l'exagération de ses dépenses, faites, selon lui, afin de complaire aux goûts de sa femme; il avoua quelques manques d'égards envers celle-ci; et, quant aux intérêts dont il avait la gestion en sa qualité d'époux et de tuteur, il répondit, avec l'assurance de l'honnête homme injustement soupçonné, que la loi le dispensait positivement de rendre ses comptes avant la majorité de sa pupille; mais qu'il demandait instamment à justifier de sa bonne gestion, après quoi il renoncerait à une tutelle que des doutes injurieux sur sa probité rendaient désormais impossible; enfin, il ajouta que si, jusqu'alors, il s'était montré d'une regrettable faiblesse, au sujet des dépenses du ménage, il prenait la ferme résolution d'entrer dans la voie des économies, et qu'usant au besoin de son droit de chef de communauté, il résilierait immédiatement le bail de l'appartement qu'il occupait, vendrait son cheval, sa voiture, louerait une demeure modeste où sa femme, sa belle-fille et lui, vivraient modestement et servis par une seule domestique; déclarant d'ailleurs que, se voyant en butte à des insinuations très-malveillantes, il se déciderait probablement, après la reddition de ses comptes de tutelle, de proposer à sa femme une séparation amiable. L'adresse, la fourbe, l'hypocrisie des scélérats augmente en raison du besoin qu'ils ont d'inspirer créance à leurs dupes; aussi, malgré les préventions de l'avocat contre lui, M. Gabert le persuada presque de sa sincérité, en cela qu'il offrait de rendre le compte le plus satisfaisant de la gestion des biens de sa belle-fille, en suite d'un délai indispensable à la mise en ordre des pièces probantes, délai dont le terme serait fixé par l'avocat. Celui-ci proposa quinze jours; M. Gabert accepta ce terme.

Le surlendemain de cette conférence, M. Gabert signifiait poliment à sa femme qu'il trouvait à céder le bail de l'appartement qu'ils occupaient, à la condition de vendre le mobilier au nouveau locataire, de lui donner dans les quarante-huit heures jouissance du logement, et de prendre en location une petite maison meublée, située dans un quartier tranquille. M. Gabert vanta beaucoup l'avantage qu'offrait cette double combinaison au point de vue de l'économie ; il avait d'ailleurs, selon son droit, signé l'acte; sa femme irait donc avec sa fille et Angélique prendre possession de leur nouvelle habitation ; il s'y réserverait une chambre où, par un scrupule de délicatesse, il déposerait dans une caisse de fer les valeurs composant la fortune de sa femme et de sa pupille, laissant complétement à leur discrétion de décider s'il demeurerait ou non avec elles. Il ne s'abusait pas, ajoutait-il, sur l'éloignement qu'il devait leur inspirer; il consentirait donc volontiers à loger en hôtel garni, jusqu'au jour de la reddition de ses comptes, ensuite de quoi il se séparerait amiablement de sa femme.

Madame Gabert, et surtout Henriette, trouvèrent brusque, étrange, presque inquiétant, ce changement de domicile ; à ce sujet, elles demandèrent à M. Gabert quelques jours de réflexion. Il répondit froidement que toute réflexion était superflue; à lui seul appartenait de choisir et de fixer le lieu de l'habitation conjugale; d'ailleurs, elles pouvaient aller consulter sur ce point leur avocat; elles y coururent. Il les assura que M. Gabert restait parfaitement dans les limites de son droit ; que, de plus, il déférait aux reproches de prodigalités à lui adressés, puisqu'il abandonnait un appartement somptueux pour une habitation modeste, et qu'enfin il prouvait son désir de ménager les susceptibilités de sa femme et de sa belle-fille, en s'abstenant, si elles l'exigeaient, d'habiter sous le toit conjugal, où il laissait en dépôt, et pour ainsi dire sous leur sauvegarde, les biens qu'il devait leur restituer le jour de la reddition de ses comptes.

Les observations de l'avocat, et surtout cette considération d'être délivrées de la présence de M. Gabert, décidèrent sa femme et Henriette à accepter des offres qu'elles n'auraient pu, d'ailleurs, légalement décliner. Elles allèrent demeurer dans leur nouveau logis, situé extra-muros, avenue des Thernes ; M. Gabert les y accompagna le jour de leur installation, fit placer dans la chambre qu'il se réservait une caisse de fer, renfermant, disait-il, les valeurs constituant la fortune d'Henriette et de sa mère ; ajoutant qu'il leur remettrait la clef de cette caisse lorsqu'il se démettrait de sa tutelle, après avoir rendu ses comptes ; et, depuis lors, il ne reparut pas dans le domicile conjugal.

La maison, petite, simplement, mais assez convenablement meublée, était entourée d'un joli jardin ; l'on s'y trouvait à la fois à la ville et à la campagne. Quoique l'hiver commençât, l'espèce de solitude où elles allaient vivre agréa plutôt qu'elle ne déplut à madame Gabert et à sa fille. Elles éprouvaient le besoin du calme, du repos, après les douloureuses agitations dont elles avaient souffert ; enfin, malgré les premiers pressentiments d'Henriette, vaguement inquiétée de ce soudain changement de domicile, elles croyaient, si cela se peut dire, n'avoir matériellement rien à craindre de son beau-père. Elles le savaient sans foi, sans cœur, sans principes, sans probité ; elles le méprisaient, elles le détestaient, mais elles ne le redoutaient pas ; ses menaces n'avaient inspiré à sa belle-fille que la cuisante ironie du dédain... Cependant elles se trompaient, en pensant qu'un caractère avili, ridicule et lâche, ne peut pas s'élever dans l'échelle du mal jusques aux sommités du crime. Ces apparentes contradictions sont cependant fréquentes, et M. Gabert devait en fournir un nouvel exemple. Longtemps aveuglé par sa fatuité sur les véritables sentiments de sa belle-fille à son égard, il acquit enfin la certitude du dégoût, de l'aversion qu'elle éprouvait pour lui ; loin de renoncer à ses projets, il *hypocrisa* (que l'on nous pardonne ce vieux mot) et les poursuivit avec un ténébreux acharnement. Les incurables ressentiments de son orgueil blessé, conspué par les sarcasmes de la jeune fille ; l'intensité de sa haine, l'ardeur de la vengeance, encore avivées en lui par une flamme impure et dévorante, donnèrent, à ce qui n'avait d'abord été chez ce misérable qu'un caprice sensuel, les symptômes effrayants de ces passions frénétiques, inexorables, qui poussent aux dernières extrémités celui qu'elles entraînent.

XXVIII

Madame Gabert et sa fille habitent depuis environ quinze jours leur nouvelle demeure, petite maison située vers les confins de ce quartier extra-muros et désert, appelé des *Thernes*. Cette demeure, composée d'un rez-de-chaussée, de plusieurs pièces surélevées au-dessus de dépendances demi-souterraines et surmontées d'un grenier, est bâtie au bord d'une allée plantée d'arbres et décorée du nom de rue, quoique, dans toute sa longueur, il n'existe que trois maisons situées à une grande distance les unes des autres.

L'hiver a commencé. Il est nuit. Angélique, la vieille servante, est occupée à tricoter à la lueur d'une lampe placée sur la table d'une salle à manger, modestement meublée, séparée de la porte extérieure de la maison par un palier formant vestibule. Angélique interrompt son travail afin d'aller fermer la clef adaptée au tuyau du poêle, dont le bruyant tirage produit un ronflement sonore au milieu du silence nocturne.

— Je n'ai jamais entendu de poêle ronfler comme celui-ci, — dit la vieille servante en revenant s'asseoir sur sa chaise et reprenant son tricot, — c'est à croire que le feu est dans le tuyau, ce qui serait peu rassurant, vu que le bûcher, placé ici dessous, est approvisionné de bois et de fagots pour l'hiver, et vu que le grenier de cette maison est à moitié rempli de paille appartenant aux derniers locataires ; ils devaient la faire enlever et l'ont oublié ; c'est fâcheux, car un malheur est bien vite arrivé. En vérité, on a la chair de poule quand on pense que si le feu prenait ici, tout serait perdu, y compris le restant de la fortune de madame et de mademoiselle... ici renfermée dans la caisse dont M. Gabert leur remettra sans doute la clef demain. Enfin, cette pauvre madame va donc être débarrassée de ce vilain homme. Il lui a écrit, afin de lui donner rendez-vous ce soir chez l'avocat auquel il doit rendre ses comptes de tutelle, après quoi, une pension de deux mille francs sera assurée à M. Gabert, et madame et lui se sépareront amiablement! Dieu merci ! elle peut se vanter de l'avoir échappée belle... si elle n'est qu'à moitié ruinée! Enfin, il lui restera toujours de quoi vivre; elle me gardera près d'elle, et je n'aurai plus à craindre de perdre cette petite pension de trois cents francs que feu M. le docteur Dumesnil m'a léguée à l'insu de madame, sous la condition que je ne quitterais jamais son service, et que j'irais chaque mois toucher ma rente chez ce M. Robin, et que je l'instruirais minutieusement de ce qui se passe à la maison... Je ne vois pas, du reste, à quoi ont jamais servi les renseignements que j'ai donnés à ce monsieur... car il est toujours le même; et lorsqu'hier, en allant toucher mon mois qui écheoit aujourd'hui, j'ai instruit ce M. Robin de notre changement de domicile, et que ce soir, madame devait se rencontrer avec son mari chez l'avocat, afin de régler leurs comptes et de se séparer, M. Robin m'a encore répondu avec son sang-froid imperturbable : Ah! ah! — seulement il m'a demandé l'adresse de M. Dubreuil, l'avocat de madame.

Mais s'interrompant soudain, en entendant sonner à la porte extérieure de la maison, Angélique se lève en disant :

— Qui peut venir ici, à cette heure?... ma foi, la maison est isolée, la rue déserte... il y a ici des valeurs en caisse, je n'ouvre pas avant de savoir quelle personne demande à entrer.

La vieille servante sort de la salle à manger, traverse le palier servant de vestibule, et se penchant près de la porte extérieure :

— Qui va là?
— Moi...

— Qui ça... vous?

— Moi, votre maître, M. Gabert.

— Le rendez-vous chez l'avocat n'aura donc pas lieu ce soir? pensait Angélique en ouvrant la porte de la maison à M. Gabert, qui entra en compagnie de son ami Frémion.

— Monsieur, — dit Angélique en suivant son maître dans la salle à manger, — vous ne trouverez pas madame ici... elle vous attend chez l'avocat, où elle est allée avec mademoiselle.

M. Gabert ne répond rien à la vieille servante, s'éloigne d'elle, et dit à voix basse à son ami :

— Commençons et dépêchons...

— La porte du caveau donne dans le bûcher, — répondit Frémion, — c'est l'affaire d'un moment.

— Tu as la corde?

— Oui, dans la poche de mon paletot... Je garrotterai la vieille, pendant que tu la bâillonneras avec ton mouchoir.

— Cela nous fera la main... en attendant l'*autre*, — reprit M. Gabert avec un sourire sinistre, — allons... vite...

— Je n'ai jamais vu à monsieur une plus méchante figure... Qu'est-ce qu'il a donc à chuchoter avec M. Frémion? — se disait la vieille servante avec une inquiétude croissante, lorsque les deux hommes se retournant brusquement, s'élançant sur elle avant qu'elle ait le temps de pousser un cri, pétrifiée par l'épouvante, ils la garrottent, la bâillonnent en une seconde. M. Gabert prend la lampe, ouvre la porte ; son complice le suit, entraînant et soutenant Angélique défaillante ; à gauche du palier servant de péristyle, se trouve un escalier de quelques marches, conduisant à un bûcher demi-souterrain, rempli de bois et de fagots, au fond duquel s'ouvre la porte d'un caveau profond ; Angélique y est jetée, puis enfermée par les deux complices. Le même escalier, qui communique aux dépendances situées au-dessous du rez-de-chaussée, conduit aussi au grenier. M. Gabert y monte, prend deux des bottes de paille amoncelées dans cet endroit, les descend dans le bûcher, les place auprès du tas de fagots, voisin d'une pile de bois ; ces préparatifs terminés, il regagne avec son ami la salle à manger.

XXIX

M. Stanislas Gabert est devenu, depuis quinze jours, presque méconnaissable ; sa figure bellâtre, ordinairement rubiconde et épanouie par l'infatuation de lui-même ou par la satisfaction de ses grossiers appétits, est pâle, marbrée, farouche, très-amaigrie et empreinte d'une résolution féroce. Il s'assied près de la table où est placée la lampe, s'accoude et appuie son front dans ses deux mains. M. Frémion l'observe d'un œil attentif et sournois. Puis après un silence d'un moment :

— A cette heure... ta femme et ta belle-fille, exactes au rendez-vous que tu leur as donné chez l'avocat, reçoivent de toi une lettre où tu leur apprends que, subitement indisposé, tu es forcé de renvoyer à demain la reddition de tes comptes... Elles reviennent ici... sans l'ombre d'un soupçon ; l'isolement de cette demeure les met en notre pouvoir... Henriette est à ta merci !

Enfin ! — s'écria M. Gabert d'une voix haletante : — tu vas payer de ton déshonneur... tes mépris et tes outrages, fille insolente... — Et, après une pause, ce misérable ajouta : — Tiens, Frémion... maintenant, je regretterais qu'Henriette m'eût aimé, ainsi que tu le prétendais et que je l'avais cru d'abord...

— Tu le regretterais?

— Oh ! oui, car elle m'eût cédé volontairement... tandis qu'à cette heure... oh ! à cette heure... je ne sais, vois-tu... qui l'emporte en moi, des désirs ou de la haine que cette maudite fille m'inspire... Depuis quinze jours, je ne vis plus... mes nuits ne sont qu'insomnie, torture !... Tantôt, je songe à ses sanglants dédains !... et je me prends quelquefois à hurler de rage... comme un fou furieux... En ces moments-là... il me semble que j'étranglerais Henriette ; tantôt je crois la voir... là, devant moi, pâle, brune, fière... avec ses grands yeux et ses longs sourcils noirs... alors une fièvre dévorante me ronge... Tant d'amour et tant de haine !!... ça ne paraît pas croyable !!... pourtant, cela est... Oh ! la tenir là... palpitante de terreur et à ma discrétion !!... elle qui m'a raillé... bafoué... Non, encore une fois non : je ne sais qui l'emporte en moi, des désirs ou de la haine que cette maudite fille m'inspire...

— Peu importe... haine et désirs seront tout à l'heure assouvis... grâce à mes conseils.

— Oui, tu m'as bien conseillé... Frémion, tu es un homme solide...

— Très-solide... et le moment est venu de te déclarer que ma solidité aime et exige... du solide...

— Qu'est-ce à dire ?

— Tu vas le savoir... mais d'abord, en deux mots, résumons les faits : Il y a quinze jours, tu accours tout effaré m'apprendre que, non-seulement ta belle-fille te méprise, t'exècre, loin de t'adorer, ainsi que nous nous plaisions à le croire... et que, de plus, cette mauvaise petite tête, résolue comme un démon, te menaçait d'aller consulter un avocat, afin de savoir si tu avais le droit de la ruiner, elle et sa mère, lequel avocat était capable de déposer contre toi, tuteur et mandataire infidèle... une plainte en abus de confiance, peut-être en escroquerie...

— Nous savons cela, mais...

— Laisse-moi achever... Ton inquiétude était grande, à l'endroit de la plainte en abus de confiance, et, de plus, les mépris de ta belle-fille, loin de calmer ta passion pour elle, l'exaltaient jusqu'au délire... Que t'ai-je dit alors? Il est un moyen certain de ne jamais avoir à rendre des comptes de tutelle... Il est un moyen certain d'assouvir à la fois ta passion et ta haine pour ta belle-fille... le tout impunément. Et voici comment : proposer toi-même à l'avocat de te démettre de la tutelle, après avoir rendu tes comptes ; gagner ainsi du temps... une quinzaine de jours, c'est assez; feindre de vouloir apporter une sage économie dans tes dépenses, et de trouver à céder le bail de ton appartement ; louer une maison dans un endroit écarté, y disposer à l'avance une quantité suffisante de matières combustibles, afin de n'éveiller aucun soupçon; te loger, ta femme et sa fille, dans cette demeure, où tu ne résiderais pas d'ailleurs, par déférence pour ta femme, mais où tu aurais une chambre où seraient renfermés dans une caisse de fer tes papiers de tutelle et tes valeurs ; enfin, le moment venu, éloigner ta femme et sa fille de chez elles, sous un prétexte, afin de pouvoir les surprendre à leur retour... et mettre leur servante dans l'impossibilité de les prévenir, d'aller chercher du secours ; puis, ta passion et ta haine assouvies... enfermer ici la mère et la fille, solidement garrottées ; mettre le feu à la cave et au grenier de la maison ; la chose, habilement faite, passera pour un accident ; l'incendie ensevelira tout sous ses débris, y compris les valeurs formant la fortune de ta pupille, ce qui simplifie singulièrement tes comptes... tel est notre projet... Il est en bonne voie d'exécution ; mais pour l'achever, il te faut mon aide.

— Et cette aide... je l'aurai jusqu'à la fin... mon brave Frémion...

Le complice de M. Gabert sourit d'une façon singulière, et après un moment de silence :

— Dis-moi ?... tu as réalisé les reliquats de la fortune de ta femme et de ta pupille.

— Oui... cinquante-deux mille francs...— répond M. Gabert. Et, frappant sur la poche de côté de son paletot, il ajoute : — Cette somme est là... dans mon portefeuille...

— Eh bien ! mon cher, reprend M. Frémion en se caressant négligemment le menton, — si tu veux t'assurer mon aide jusqu'à la fin... partageons...

— Partageons... quoi ?

— Les cinquante-deux mille francs.

M. Gabert, à cette proposition, qu'il semble entendre sans la comprendre, regarde avec stupeur son complice. Celui-ci reprend froidement :

— Mes paroles sont pourtant fort claires... Je dis partageons les cinquante-deux-mille francs, sinon... bonsoir, ne compte plus sur moi, et nous verrons comme tu te tireras d'affaire avec ta femme et ta belle-fille.

— Scélérat! — s'écrie M. Gabert, ne conservant plus aucun doute sur les prétentions de son ami, — une trahison... un guet-apens!

— Le mot est joli, et emprunte surtout à la circonstance un charme rempli d'à propos... mais...

— Moi... te donner vingt-cinq mille francs!

— Vingt-six... vu que deux fois vingt-six font cinquante-deux.

— Me mettre ainsi le couteau sur la gorge, à moi qui t'ai prêté quatre à cinq mille francs, que je ne reverrai jamais !

— Jamais! tu es dans le vrai; mais est-ce qu'en retour de tes dîners, de ton argent, je ne t'ai pas flatté, flagorné, adulé, admiré ta figure, ta tournure et ta désinvolture, sans parler de ton esprit, de ton courage, de ta finesse... que sais-je?... Allons donc! en considérant l'énormité des louanges, tu restes mon débiteur...

— Double traître!

— Tu es décidément stupide... mais... Tiens, écoute... — reprend M. Frémion, en prêtant l'oreille au dehors, — il me semble entendre le roulement lointain d'une voiture... ce sont sans doute ces dames qui reviennent en fiacre... Décide-toi... J'ajouterai que, si tu ne finances pas sur l'heure... je vais au-devant de ta femme... afin de l'avertir de ta présence ici... et de tes projets.

— Gredin! — s'écrie M. Gabert, livide de fureur, en faisant un mouvement pour s'élancer sur son complice; mais celui-ci, leste et robuste, se recule d'un bond, tire de sa poche un *casse-tête* ou *fléau*, composé d'une baleine longue de huit à dix pouces, recouverte d'une tresse de cuir, et armée à chacune de ses extrémités d'une grosse balle de plomb ovoïde; puis il répond en se tenant sur la défensive et menaçant son ami de cette arme terrible : — Si tu avances d'un pas... je t'assomme comme un bœuf.

M. Gabert, toujours lâche, ne bouge et se mord les poings, en proie à une rage impuissante.

— Décide-toi... et dépêche-toi...—reprit M. Frémion,— partageons la somme à l'instant, sinon je révèle à ta femme... le danger dont elle est menacée... J'ajouterai même... au risque de passer à tes yeux pour un *chevalier français*... que ta pupille, malgré moi, m'intéresse... Oui, ce caractère fier et hardi me plaît... et ma foi, si tu m'y forces... je ferai une bonne action par rencontre, en sauvant cette jolie fille du déshonneur et de la mort. — Puis, prêtant de nouveau l'oreille au dehors, M. Frémion ajoute : — Cette fois je ne me trompe pas... c'est bien le bruit d'une voiture... l'entends-tu ?.... elle s'approche...

— Ce sont elles ! — s'écrie M. Gabert. Et, sa cupidité cédant à l'entraînement de ses exécrables passions, il tire son portefeuille de sa poche, et, d'une main convulsive, compte les billets de banque. Puis, s'interrompant et tressaillant : — La voiture s'arrête...

— Que cela ne t'empêche point d'achever de compter... jusqu'à vingt-six... mon cher Stanislas. Nous devons par prudence donner au fiacre le temps de s'en aller, après avoir déposé ces dames devant la porte de leur domicile...

il faudra donc les laisser sonner deux ou trois fois... elles croiront leur servante endormie.

— Tiens donc, brigand !... — murmure M. Gabert, contenant à peine sa fureur ; et il remet à son complice vingt-six billets de mille francs, et replace son portefeuille dans sa poche. On entend sonner à la porte extérieure, et bientôt après le bruit de la voiture qui s'éloigne.

— Maintenant, attention au commandement ! — reprit M. Frémion en emboursant les billets de banque. — Laissons la lampe ici... et allons recevoir ces dames... Je leur ouvrirai la porte en me tenant derrière le battant, de sorte qu'en se développant, il nous cachera tous deux... Ta femme naturellement entrera la première ; nous la laisserons passer... puis nous nous jetterons sur ta belle-fille... Charge-toi de lui lier les mains... moi... dût-elle me mordre, je me charge de la bâillonner.

Les deux complices, au moment où la sonnette retentit bruyamment pour la seconde fois, sortent de la salle à manger, éclairée par la lampe qui jette un rayon lumineux au milieu de l'obscurité du palier servant de vestibule.

M. Gabert s'embusque et s'efface derrière la porte, lentement ouverte par Frémion, invisible à madame Gabert, qui dépasse la première le seuil, en disant avec impatience :

— Angélique, vous dormiez donc bien profondément ? voici la troisième fois que nous sonnons...

Henriette, marchant sur les pas de sa mère, entre à son tour, lorsque soudain son beau-père se précipite sur elle en s'écriant : — A moi, Frémion ! Il saisit, afin de les lier, les mains de la jeune fille d'abord inerte et pétrifiée de stupeur, tandis que madame Gabert, éperdue d'épouvante en reconnaissant son mari, dont la physionomie livide et féroce est éclairée en ce moment par la lumière de la lampe brûlant dans la salle à manger, tombe défaillante sur ses genoux et joint les mains, sans pouvoir articuler un mot.

— Ma mère!! — s'écrie Henriette en se débattant avec l'énergie du désespoir contre son beau-père, qui s'efforçait de maîtriser ses mouvements. — Bonne mère... la porte est ouverte!... sauve-toi!... ils vont te tuer... sauve-toi... ne t'occupe pas de moi.

M. Frémion, à l'appel de son ami, s'est rapproché d'Henriette Dumesnil, aussi éclairée par la lointaine clarté de la lampe, et de qui le beau visage est empreint à la fois d'une résolution intrépide et d'une douleur navrante à la pensée du péril qu'elle redoute pour madame Gabert... et elle lui crie de nouveau: — Sauve-toi!... bonne mère, sauve-toi!...

L'accent déchirant de la jeune fille, sa beauté si touchante en ce moment, son courage, car elle s'oubliait pour ne songer qu'au salut de sa mère, frappent, émeuvent profondément Frémion; et, cédant à l'un de ces soudains retours de pitié auxquels sont parfois accessibles les âmes les plus perverses, redoutant surtout pour lui les conséquences du crime dont il allait se rendre complice, et trouvant enfin une excellente occasion de satisfaire sa cupidité, il s'élance sur son complice, et au lieu de se joindre à lui pour dompter la résistance opiniâtre d'Henriette, il tire de sa poche son fléau et assène un furieux coup de cette arme terrible sur le crâne de M. Gabert en s'écriant :

— Misérable... oser violenter mademoiselle!!...

Le beau-père d'Henriette, frappé à l'improviste, ne pousse pas un cri, pas un gémissement; ses jambes fléchissent, il se renverse en arrière, s'affaisse sur lui-même et tombe pesamment comme le bœuf sous la masse du boucher... La jeune fille, d'un bond, court à sa mère qui, bouleversée de terreur, perd connaissance, et s'agenouillant près d'elle, la soutient dans ses bras, sans s'apercevoir que M. Frémion, penché sur son complice expirant, fouille sa poche, en retire le portefeuille contenant les autres vingt-six billets de banque, s'en empare, et s'adressant à Henriette :

— Ce misérable Gabert vous a ruinées... votre mère et vous... il ne lui reste pas un sou de votre fortune! et après avoir tout dévoré, il voulait se livrer sur vous aux derniers outrages, mettre ensuite le feu à la maison... votre servante est garrottée dans le caveau... Adieu, mademoiselle... j'espère qu'en vous défendant, j'aurai aussi délivré votre mère de cet affreux coquin, qui ne paraît pas avoir longtemps à vivre... et je...

Mais Frémion s'interrompt à l'aspect d'un nouveau personnage apparaissant au seuil de la porte laissée ouverte, et qui venait de descendre d'une voiture dont l'approche est restée inentendue des acteurs de cette scène, au milieu de son tumulte et de ses effrayantes émotions. L'ex-complice de M. Gabert repousse violemment de côté le nouveau venu, gagne la porte, s'élance dans l'avenue, où il disparaît au milieu des ténèbres...

— Qui que vous soyez... venez au secours de ma mère... elle se meurt! — s'écrie Henriette Dumesnil sanglotant et ne pouvant plus soutenir le poids du corps de madame Gabert, complétement évanouie. Elle l'adosse de son mieux à la muraille, tandis que le personnage à qui vient de s'adresser la jeune fille lui répond d'un ton compatissant et pénétré :

— Rassurez-vous, mademoiselle... je pourrai secourir votre mère... je suis médecin... je m'appelle LE DOCTEUR MAX.

XXX

Trois jours après cette soirée, durant laquelle M. Stanislas Gabert avait reçu de son ami Frémion un furieux coup de fléau sur le crâne, coup dont il mourut peu de temps après l'arrivée imprévue du docteur Max, sans avoir prononcé une parole, le docteur s'entretenait avec Henriette Dumesnil et sa mère, tous trois réunis dans le modeste salon de la maison de l'avenue des Thernes. La veuve de M. Stanislas Gabert, inhumé la veille, portait le deuil par convenance; ses traits, profondément altérés, témoignaient d'un chagrin presque désespéré, non qu'elle regrettât la mort du misérable qui l'avait ruinée, mais elle se désolait en envisageant l'avenir effrayant que cette ruine réservait à Henriette. Celle-ci, calme, ferme, pleine de confiance dans son amour filial, sentait redoubler sa tendresse pour sa mère, et, assise à ses côtés, s'efforçait de la rassurer par ses regards et par l'expression sereine de sa physionomie. Enfin, le docteur, debout, adossé à la cheminée, les mains croisées derrière son dos, observait attentivement la veuve et sa fille, auxquelles il disait :

— Oui, mesdames, le hasard m'a servi à souhait; l'autre soir, presque en face de votre maison, l'un des traits de l'attelage de ma voiture s'était rompu, et pendant que mon cocher remédiait à ce petit accident, je mis pied à terre; la porte de votre demeure étant restée ouverte, j'entendis alors un assez grand tumulte, et une voix, c'était la vôtre, mademoiselle... appelant au secours; j'accourus, et fus assez heureux pour donner les premiers soins à madame votre mère, tombée en défaillance, et, plus tard, je constatai que votre très-peu regrettable beau-père expirait par suite d'une fracture du crâne... J'appris enfin, madame, que vous aviez porté le nom de l'un de mes plus honorables collègues, feu M. le docteur Dumesnil, et que mademoiselle était sa fille. Cette circonstance a naturellement augmenté le respectueux intérêt que vous m'inspiriez depuis que j'avais entendu cet homme, d'abord complice de votre mari, vous déclarer que celui-ci vous avait complétement ruinées.

— Hélas! il n'est que trop vrai! Ah! j'en mourrai... — murmura madame Gabert en sanglotant. — Henriette... ma pauvre enfant, c'est mon aveuglement, mon détestable aveuglement qui nous a perdues... Grand Dieu! te voir réduite à la misère... et cela uniquement par ma faute... c'est affreux... je te le répète... c'est à en mourir!

— Encore ces reproches que tu t'adresses et qui me navrent, — dit Henriette. — Puis s'adressant au médecin : — Monsieur, vous qui êtes devenu bientôt presque un ami pour nous... joignez-vous à moi, de grâce... pour calmer, pour rassurer ma mère, pour éloigner d'elle des appréhensions aussi pénibles que peu fondées...

— Me calmer... me rassurer... mais, malheureuse enfant... qu'allons-nous devenir? — s'écria madame Gabert avec un sanglot déchirant. — Nos dernières ressources épuisées, nous serons réduites à la misère, et je te verrai privée de tout... souffrir du froid... de la faim peut-être!...

— Chère maman, que ta tendresse alarmée ne s'exagère pas les difficultés de notre position, grave sans doute, mais non désespérée... n'est-il pas vrai, monsieur le docteur?

— Il faut, en effet, mademoiselle, ne jamais désespérer, — répondit tristement le docteur Max; — mais sans partager tout à fait les craintes de madame votre mère, l'avenir, je dois vous le déclarer, me semble inquiétant pour vous et pour elle...

— Inquiétant... c'est affreux qu'il faut dire ! — reprit madame Gabert. — Ma pauvre enfant tâche de m'abuser, de s'abuser elle-même, par compassion pour moi... qui suis l'auteur de tant de maux.

— T'abuser... mère! Raisonnons un peu... voyons quelles sont nos ressources... L'argenterie de la maison, quelques bijoux que tu possèdes; les présents que m'offrait cet homme... je ne les acceptais pas, mais tu les as conservés... supposons que tout cela vendu... nous réalisions une somme de sept à huit mille francs... est-ce trop?... mettons cinq mille francs... quatre mille francs, si tu le veux... ce chiffre n'a rien d'exagéré, tant s'en faut...

— Hé bien... pauvre enfant!... et ensuite?...

— Est-ce que cela ne suffit pas, ma mère, pour éloigner

de nous, d'ici à longtemps, toute préoccupation de l'avenir?...

— Comment! ces quatre mille francs?... mais, chère enfant...

— Calculons, maman : le loyer de cette maison est payé d'avance pour un an... c'est donc cette année-ci une dépense de moins; nous sommes suffisamment pourvues de robes et de linge pour n'en point acheter de quelque temps; il nous reste quatre mille francs, c'est-à-dire de quoi vivre au moins pendant quatre ans, avec beaucoup d'économie sans doute, en nous privant de notre servante; mais enfin l'on vit... et vivre avec toi, mère, c'est toujours le bonheur.

— Mais comment vit-on? en endurant mille privations, d'autant plus dures que l'on a été habitué à l'aisance. Ce n'est pas pour moi que je dis cela... Dieu m'en est témoin... mais c'est pour toi, ma pauvre enfant!... tant je crains de te voir souffrir ; et puis enfin nos ressources s'épuiseront un jour, et alors que devenir?

— J'espère bien, maman, que nos ressources, au lieu de s'épuiser, augmenteront.

— Et par quel moyen, mademoiselle? — demanda le docteur Max, qui ne semblait nullement partager les illusions d'Henriette Dumesnil. — Par quel moyen accroître vos ressources?

— Par mon travail, monsieur le docteur, — répondit d'une voix ferme la jeune fille. Et s'adressant à sa mère : — Crois-tu donc qu'à mon âge je resterai oisive?

— Et que feras-tu, mon enfant? à quels travaux te livrer?

— Est-ce que je ne sais pas coudre, broder? est-ce que,

grâce à l'éducation que j'ai reçue, je ne suis pas en état de donner des leçons de musique, ou de commencer l'éducation d'une jeune personne? Que sais-je?... Est-ce que, résolue comme je le suis de gagner honorablement ma vie et celle de ma mère... je ne suis pas certaine de la gagner? Je le demande à monsieur le docteur?

— Mademoiselle, — répondit le docteur Max, — vous faites appel à ma sincérité dans une circonstance très-grave; vous dissimuler la vérité serait de ma part une mauvaise action.

— Tu entends... pauvre Henriette! tu entends M. le docteur?

— Hélas! mademoiselle, ma profession m'initie au secret de bien des misères; or, ces travaux de broderie, de couture sur lesquels vous comptez... savez-vous ce qu'ils rapportent à des femmes excellant dans ces métiers?... s'y livrant parfois dix-huit à vingt heures par jour?... épuisant leur vie, leur santé, sans cesse ni merci, à ce travail obstiné?... Il leur rapporte... je ne dirai pas de quoi vivre... mais à peine de quoi ne pas mourir tout à fait de faim.

— Hélas! mon Dieu! Henriette... tu entends? — dit madame Gabert en gémissant; — tu entends... nos dernières ressources épuisées... nous sommes perdues!...

— Non, non! — reprit la jeune fille se raidissant contre l'adversité, — Dieu ne saurait abandonner l'enfant qui à son travail demande son existence et celle de sa mère.

Le docteur ne répondit rien à ces dernières paroles d'Henriette Dumesnil, et poursuivit:

— Quant à votre espoir de donner des leçons de musique, mademoiselle, ou de commencer l'éducation d'une jeune fille... vous le regarderiez comme très-précaire, cet espoir, si vous saviez combien de personnes vouées par état à l'enseignement trouvent peu à s'employer.

— Tu entends... pauvre enfant, tu entends...

— Ma mère, M. le docteur voit l'avenir trop en noir.

— Je vois juste, mademoiselle, et si vous m'en croyez, voici au vrai votre situation et celle de madame votre mère... Vous pourrez vivre très-économiquement pendant quelque temps, afin de ménager, autant que possible, vos dernières ressources ; mais lorsqu'elles seront épuisées... croyez-moi, je n'exagère pas... l'avenir devra se présenter à vous sous les couleurs les plus noires?

— Ah! malheur à moi! malheur à moi! — s'écria madame Gabert avec un sanglot convulsif. — Si je n'avais pas été assez stupide, assez aveugle, assez criminelle pour me remarier à ce misérable... nous aurions vécu dans l'aisance comme autrefois, et, honorablement dotée, tu aurais, mon enfant, épousé un honnête homme, digne de toi... Mais non! — s'écria la veuve avec un redoublement d'amertume et de désespoir, — au lieu d'être fière de l'homme de bien dont j'étais veuve... au lieu de rester fidèle à sa mémoire, je me suis, à mon âge... laissé prendre aux grossières flatteries d'un jeune homme qui n'en voulait qu'à ma fortune et se raillait de moi; j'ai eu la faiblesse... l'indignité de confier à cet homme inconnu la tutelle de ma fille! Et il l'a ruinée, et il a voulu la suborner! se délivrer de nous par un crime... Ah! pourquoi ce misérable m'a-t-il laissée vivre! Malheur à moi! J'ai réduit mon enfant à la misère... Dieu est juste... je ne survivrai pas, je le sens, à tant de chagrins... il me semble que mon cœur éclate et se fend

— Ma mère!... que dis-tu? — s'écria Henriette Dumesnil effrayée, voyant la veuve pâlir et porter ses deux mains à son cœur, comme si elle y eût soudain reçu un coup douloureux, et s'adressant au médecin : — Monsieur... voyez donc... comme ma mère devient pâle... ses yeux se ferment... Mon Dieu, ayez pitié de moi, — ajouta la jeune fille en s'agenouillant aux pieds de madame Gabert et la soutenant dans ses bras. — Ma mère... réponds-moi...

La pauvre femme succombait peut-être à la violence de son désespoir, sans les soins du docteur. Il tira de sa poche la boîte de pharmacie homœopathique et conséquemment microscopique dont il ne se séparait jamais, prépara une chose infinitésimale d'un toxique puissant, dont il versa quelques gouttes dans une petite cuiller de vermeil, et l'approcha des lèvres de madame Gabert en disant à Henriette qui, éperdue et fondant en larmes, soutenait sa mère dans ses bras:

— Ces cruelles émotions la suffoquent, le sang afflue à son cœur... ce coup serait peut-être mortel...

— Grand Dieu! — s'écria la jeune fille épouvantée, — ma mère!!

— Oh! rassurez-vous, noble et courageuse enfant, — répéta le docteur Max d'une voix émue. — Voyez... la pâleur diminue, s'efface... votre mère rouvre les yeux, sa guérison est maintenant assurée... car, à ses larmes pour l'avenir, va succéder une heureuse certitude... — Et s'adressant à madame Gabert, qui peu à peu reprenait ses esprits : — Madame, loin de vous maintenant ces alarmes qui vous désespèrent... vous êtes aussi riche que par le passé...

votre ruine est réparée... vous possédez encore à cette heure plus de cinquante mille écus de fortune !

XXXI

A ces mots prononcés par le docteur Max, avec un accent d'irrésistible sincérité : — « Vous possédez encore à cette « heure plus de cinquante mille écus de fortune, » Henriette Dumesnil et sa mère tressaillent et se regardent, stupéfaites de surprise, croyant à peine à ce qu'elles entendaient ; enfin madame Gabert s'écrie d'une voix palpitante :

— Que dites-vous, docteur ?.. notre ruine serait réparée... Est-ce un rêve ?... Non, non... c'est impossible... vous nous abusez !

— Madame, croyez à ma parole d'honnête homme, je dis la vérité, reprit gravement le médecin ; — vous abuser en ce moment, et après la crise dont vous venez d'être atteinte, serait vous tuer... Croyez-moi donc... vous et votre fille, vous êtes aussi riches qu'avant ce funeste mariage.

— Grand Dieu !... je voudrais vous croire, je vous crois... mais par quel prodige ?...

— La prévoyante sollicitude d'un père et d'un époux, madame, a opéré ce prodige...

— De grâce... achevez.

— M. le docteur Dumesnil vous a encore protégées toutes deux du fond de sa tombe.

— Mon père !

— Mon mari !

— Redoutant, madame, la faiblesse de votre caractère... et les funestes conséquences qui pouvaient en résulter, il a cru devoir dissimuler la moitié de sa fortune, et, sous le sceau du secret, il m'avait remis cinquante mille écus en fidéi-commis. Cette somme est à votre disposition, madame...

Henriette et sa mère, ne pouvant plus douter de la vérité, tombant dans les bras l'une de l'autre, s'embrassent en fondant en larmes, et la jeune fille s'écrie en tombant agenouillée, les mains jointes :

— Oh ! le meilleur des pères... sois béni ! sois béni... Grâce à ta sagesse tutélaire... maman vivra... elle vivra désormais heureuse !

— Hélas ! j'ai perdu le droit de porter le nom de cet homme si sage, si bon, qui, vous l'avez dit, monsieur, du fond de sa tombe nous protége encore ! — reprit madame Gabert avec un accent de douloureux regret.

L'émotion de madame Gabert et de sa fille calmée, M. Max leur dit :

— Et maintenant vous allez savoir dans quelles circonstances ce fidéi-commis m'a été remis. Je n'avais pas l'honneur de connaître particulièrement mon collègue, le docteur Dumesnil ; je m'étais seulement rencontré quelquefois avec lui, tous deux appelés en consultation ; et, lors de ces rares entrevues, nous eûmes cependant d'assez longs entretiens qui lui inspirèrent sans doute en moi une confiance dont je suis fier. Quelque temps avant sa mort, il se rendit chez moi, et j'ajouterai, mesdames, qu'obligé de sacrifier les scrupules de ma modestie à l'exactitude de mon récit, je dois vous rappeler les paroles de M. le docteur Dumesnil. Les voici :

« Mon cher confrère, nos relations ont été rares, nos
« entretiens peu fréquents ; mais ces entretiens et certains
« actes de votre vie m'ont suffi à vous placer dans mon es-
« time et dans ma confiance aussi haut qu'un homme
« peut l'être ; vous êtes le seul à qui je puisse et je veuille
« demander un grand service, au nom de notre confrater-
« nité scientifique et du touchant intérêt que méritent ma
« femme et ma fille, car ma mort... mort prochaine, je le
« sens... les privera bientôt de leur soutien naturel. »

Henriette et sa mère échangèrent un regard profondément attendri. Le médecin poursuivit ainsi son récit :

« — La note ci-jointe, écrite de ma main, et que vous
« devrez mettre un jour sous les yeux de ma femme et de
« ma fille, — me dit encore le docteur Dumesnil, — vous
« fera connaître la nature du service que j'attends de
« vous... »

Et M. le docteur Max tira de son portefeuille une enveloppe, la déplia et lut ce qui suit aux deux femmes, de plus en plus émues et attentives.

« Moi, Joseph Dumesnil, docteur en médecine, j'écris
« ceci aujourd'hui, parfaitement sain de corps et d'esprit.

« La maladie mortelle dont je suis atteint, et dont j'étu-
« die et ressens chaque jour les progrès, m'emportera dans
« six semaines ou deux mois au plus tard ; je désire, cer-
« tain que je suis de ma fin prochaine, sauvegarder autant
« que possible l'avenir de ma femme et de ma fille, objets
« de ma tendre sollicitude. »

— Pauvre père... il se sentait, il se voyait mourir... —

reprit Henriette sans pouvoir contenir ses larmes. — Et ses dernières pensées se concentraient sur nous!

— Hélas!... c'est seulement alors qu'il n'est plus... que j'apprécie sa valeur, si longtemps méconnue; je l'avoue, ce sera mon remords éternel, — ajouta madame Gabert. — Il se sentait mourir! et sa gravité bienveillante ne s'est jamais démentie... jusqu'à la fin de sa vie.

— Son âme généreuse, ferme et droite, son excellent esprit, sa prévoyance paternelle vont se renouveler dans toute leur puissance... écoutez... et votre gratitude, votre vénération pour lui, s'augmenteront encore, — dit le docteur Max continuant ainsi la lecture des dernières volontés de M. Dumesnil :

« Ma femme est la meilleure des femmes ; son cœur est
« parfait, elle adore sa fille et m'a toujours témoigné de
« son attachement; mais la faiblesse extrême de son carac-
« tère, sa facile et souvent aveugle bonté, sa confiance
« crédule, son goût pour les dépenses futiles, son manque
« complet d'habitudes d'ordre et d'économie, son ignorance
« absolue des lois qui régissent les intérêts privés me
« donnent la conviction que lorsque, veuve de moi, elle
« disposera librement de ses biens et de ceux de sa fille...
« elle se ruinera ou se laissera ruiner en peu de temps.

« Ce n'est pas tout, ma femme durant ma vie, sans ja-
« mais se plaindre et sans que jamais la douceur de son
« caractère fût en rien altérée, s'est résignée à une exis-
« tence retirée, monotone, sevrée de plaisirs mondains,
« telle, enfin, que la voulaient mes goûts de retraite et les
« nécessités de mes études et de ma profession.

« Ma femme s'est donc beaucoup ennuyée pendant ma

« vie ; il en resultera presque indubitablement qu'elle
« voudra beaucoup s'amuser après ma mort.

« Ce désir est naturel, je n'y verrais aucun inconvé-
« nient si je ne savais ma femme incapable de régler sa-
« gement sa dépense. Il est aussi presque certain, selon
« moi, qu'elle se remariera, en raison même de la faiblesse
« de son caractère ; habituée depuis vingt ans à subordon-
« ner ses volontés aux miennes, se sentant incapable de
« donner à sa vie une direction assurée, manquant par na-
« ture de décision, d'initiative, ma femme cherchera un
« guide et nécessairement le désirera de tout point dissem-
« blable de moi.

« J'étais sérieux, casanier, rigide, peu expansif, je te-
« nais honorablement ma maison sans me départir de
« mes habitudes d'ordre et d'économie.

« Ma veuve fixera presque fatalement son choix sur un
« mari mondain, joyeux et dépensier, probablement plus
« jeune qu'elle.

« Or, il demeure avéré pour moi que les conséquences
« d'un pareil mariage seront, dans un temps donné, dé-
« sastreuses pour ma femme et pour ma fille. »

Madame Gabert ne put s'empêcher de tressaillir en reconnaissant avec quelle pénétration, quelle sagacité profonde, son premier mari avait préjugé de l'avenir et dit à
Henriette en soupirant :

— Mon enfant, j'avoue en rougissant de honte et de regret, la justesse des prévisions de ton père... c'est, hélas !
une bien légère expiation de mes torts...

— Ta bonté, la croyance au bien, ont seules causé ton
erreur, ma mère, et à cette bonté mon père rendait un juste

hommage — répondit la jeune fille.

Le médecin poursuivit ainsi sa lecture :

« Ma fille Henriette sera sans doute encore loin d'avoir
« atteint sa quinzième année lorsque je mourrai ; c'est une
« généreuse et vaillante enfant, d'un caractère fortement
« trempé, d'une raison précoce, d'un sens droit, d'un es-
« prit sérieux ; si, lors de ma mort, ma fille avait dix-huit
« ans et qu'il me fût possible de placer sa mère sous sa tu-
« telle, je n'éprouverais pour elles deux aucune crainte.

« Mais c'est à peine si Henriette, lorsqu'elle me perdra,
« sortira de l'enfance, et, par tendresse, par respect pour
« sa mère, elle ne contrariera en rien les désirs de celle-ci
« au sujet de son second mariage, et s'y résignera, dût ce
« mariage blesser les plus chers sentiments de son cœur. »

— Grâce à Dieu, ton pauvre père appréciait aussi justement tes nobles qualités qu'il appréciait ma déplorable faiblesse, — dit madame Gabert en embrassant sa fille. Et
s'adressant au docteur Max : — Excusez-nous de vous interrompre si souvent, monsieur...

« Le tuteur de ma fille sera nécessairement choisi parmi
« mes parents ou ceux de ma femme. Aucun d'eux ne mé-
« rite assez ma confiance pour que je sois complétement
« rassuré au sujet de la gestion des biens de ma fille, puis-
« que la loi, par un incroyable oubli des intérêts sacrés
« des mineurs, laisse sans aucun contrôle, sans aucune
« garantie, leurs biens à la merci des tuteurs jusqu'à l'é-
« poque de leur majorité, époque à laquelle tout recours
« contre la tutelle devient presque toujours illusoire, sur-
« tout lorsque le tuteur ne possède rien.

« De ce qui précède il résulte évidemment et selon moi
« ceci :

« Ma femme se remariera peu de temps après son veu-
« vage, et, bonne, confiante, crédule à l'excès, fera pro-
« bablement un choix peu raisonnable, et en peu d'années
« se ruinera ou se laissera ruiner.

« Afin de remédier autant qu'il est en moi aux maux
« que je prévois, je prends la résolution suivante :

« Mes biens, y compris les apports de ma femme, s'élè-
« vent à la somme de trois cent vingt mille francs.

« L'on ne trouvera chez moi, lors de mon décès, que cin-
« quante mille écus environ.

« Ce jourd'hui je dépose cent soixante et dix mille
« francs, à titre de fidéi-commis, entre les mains de mon
« confrère, le docteur Max, sous le sceau du plus profond
« secret.

« Si mes craintes sont trompées, si ma femme, veuve
« ou remariée avec un honnête homme, ne se livre pas à
« de folles dépenses et conserve sa fortune intacte ; si la
« tutelle de ma fille est confiée à des mains intègres jus-
« qu'à l'âge où elle pourra se choisir un époux ; si cette
« union lui offre toutes les chances de bonheur désirables,
« M. le docteur Max, appréciateur infaillible de ces résul-
« tats, grâce à son excellent jugement et à sa profonde
« connaissance des hommes et des choses, devra, s'il ne
« conserve plus aucun doute sur la sécurité de l'avenir de
« ma femme et de ma fille, leur remettre le fidéi-commis
« dont je l'ai chargé, à savoir : quatre-vingt-cinq mille
« francs à chacune d'elles.

« Si, au contraire, mes craintes se réalisent, si ma femme

« trouve dans son second mariage le malheur et la ruine;
« si le tuteur de ma fille a prévariqué, la somme confiée
« par moi au docteur Max sera employée par lui, selon
« qu'il le trouvera opportun et de quelque façon qu'il le
« jugera convenable, afin que cette ressource suprême ne
« soit pas follement dissipée et les sauve toutes deux de la
« détresse.

« Ce dernier cas échéant, je désire que M. le docteur
« Max laisse suffisamment ma femme face à face des ter-
« ribles extrémités de la ruine et de la misère, pour que
« l'épreuve soit rude et profitable.

« M. le docteur Max devant rester complétement inconnu
« de ma femme et de ma fille, et devant cependant être
« instruit des divers incidents de leur vie privée, j'ai (sauf
« meilleur procédé) songé à un moyen qui concilie la sû-
« reté de ses informations indispensables et le secret dont
« elles doivent être entourées; ma femme a, depuis lon-
« gues années, à son service une domestique nommée An-
« gélique, qu'elle affectionne, et qui, de son côté, est, je
« crois, attachée à sa maîtresse. M. le docteur Max, après
« ma mort, pourrait, afin de conserver notre secret, man-
« der Angélique et lui apprendre que je lui ai légué une
« pension viagère de trois cents francs, à la condition de
« rester au service de ma veuve, de garder un silence ab-
« solu sur ce legs, et de venir mensuellement toucher sa
« pension chez lui et de répondre aux informations qu'il
« pourrait solliciter d'elle au sujet de sa maîtresse. Grâce
« à ce moyen, M. le docteur Max obtiendrait fréquemment
« des renseignements certains sur ma femme et sur ma
« fille, sans avoir aucun rapport avec elles.

« Je prie M. le docteur Max de prendre les dispositions
« nécessaires, afin que, dans la regrettable hypothèse de
« son décès, la mission dont il s'est chargé avec tant de
« dévouement et de générosité, soit par son testament, si
« elle n'est pas accomplie, confiée à une personne de son
« choix. Si ce dernier vœu ne peut se réaliser, le dépôt
« laissé entre les mains de M. le docteur Max serait, après
« sa mort, restitué à ma femme et à ma fille.

« Lorsque M. le docteur Max aura jugé opportun de
« mettre à exécution mes dernières volontés, le présent
« écrit sera remis à ma femme et à ma fille ; et, je n'en
« doute pas, leur reconnaissance égalera la mienne envers
« l'homme de noble et grand cœur, qui, presque sans me
« connaître et obéissant au touchant intérêt que lui inspi-
« rait le sort d'une veuve et d'une orpheline, s'est chargé
« d'une mission si délicate et si grave.

« Ecrit en entier de ma main, ce jourd'hui, etc., etc.
                            « Dr Joseph Dumesnil. »

— La lecture de cette note, écoutée par Henriette et par
sa mère avec un pieux recueillement, leur expliqua la
mystérieuse et constante sollicitude du docteur Max, qui,
sous le nom de M. Robin, avait toujours été, par l'inter-
médiaire d'Angélique, informé des divers incidents de
leur vie domestique.

— Maintenant, madame, — ajouta le docteur en terminant, — vous comprendrez, qu'instruit par Angélique
de la nomination de M. Gabert aux fonctions de tuteur de
mademoiselle Henriette et de vos projets de mariage, je
n'ai pas dû intervenir ; la tutelle était irrévocable, et mes

conseils eussent été vains, au sujet d'une union vivement désirée par vous. Enfin, je partageais absolument les vues et les espérances de M. Dumesnil, en cela, qu'une épreuve, si rude, si prolongée qu'elle fût, me semblait, ainsi qu'à lui, devoir opérer sur vous, madame, une action salutaire; et si M. Gabert n'eût été justement puni de ses exécrables projets, je serais... après vous avoir laissée quelques jours face à face avec une réalité terrible, je serais, dis-je, intervenu, afin de vous décider à une séparation de corps et de biens, infailliblement obtenue ensuite de la révélation des horribles tentatives de ce misérable sur sa belle-fille; et alors, de concert avec un homme de loi, nous aurions mis à l'abri de toute future atteinte la fortune que je vous restituais; enfin, je vous expliquerai en deux mots, et cette fois, au vrai, la circonstance de mon apparition ici. Avant-hier soir, instruit par Angélique du rendez-vous que vous donnait M. Gabert chez votre avocat, afin, disait-il, de vous restituer votre fortune et celle de votre fille, j'ai pressenti quelque piége; je me suis rendu chez votre avocat; là, j'ai appris que l'entrevue étant retardée, vous étiez revenue chez vous; je vous y suivis bientôt, afin de laisser ici une lettre pour Angélique, où je lui mandais de venir me trouver le lendemain... Vous savez le reste... Maintenant, madame, permettez-moi, grâce au privilége de mon âge, deux mots de moralité. Il résulte des événements dont vous et mademoiselle Henriette avez failli être victimes deux graves enseignements : le premier, hélas! trop souvent constaté par des faits honteux ou horribles, parfois scandaleusement ébruités, parfois enfouis dans le secret des familles; ce premier enseignement est celui-ci :

Une femme qui, ayant dépassé la maturité de l'âge, épouse un homme beaucoup plus jeune qu'elle, surtout alors qu'elle a une fille, expose celle-ci et s'expose elle-même, sinon à la certitude, du moins à la probabilité des déceptions, des malheurs et des tourments dont vous avez si cruellement souffert. Le second enseignement est celui-ci, très-justement indiqué d'ailleurs par M. le docteur Dumesnil : La loi, poussant au delà de toutes limites l'imprévoyance et l'oubli des intérêts sacrés des mineurs, les livre aveuglément à la merci de l'improbité (toujours possible) du tuteur. Supposez un orphelin au berceau : son tuteur, et cela sans garantie, sans contrôle d'aucune sorte, disposera comme bon lui semblera des biens de son pupille jusqu'à ce que celui-ci ait atteint sa majorité ; ainsi, pendant vingt ans, le tuteur peut impunément user, abuser à son gré de la fortune de son pupille, la dissiper s'il le veut, et l'orphelin dépouillé n'a, au bout de vingt années, qu'un recours illusoire contre son spoliateur! Ne serait-ce pas, au contraire, le fait d'une législation tutélaire, prévoyante, basée sur une nécessité rigoureuse, d'investir, soit le juge de paix, président officiel de tous les conseils de famille, soit un magistrat des tribunaux civils, du droit et du devoir de s'assurer souvent à l'improviste, sur preuve et sur pièces irrécusables, de la bonne ou mauvaise gestion du tuteur ? Sinon les biens du mineur ne sont entourés d'aucune garantie, le tuteur pouvant toujours ajourner la reddition de ses comptes à la majorité de son pupille, et ainsi, légalement, se refuser à toute investigation de la part des intéressés eux-mêmes. Excusez, madame, ces moralités que me suggèrent les circonstances où nous sommes... Elles m'ont, et je m'en félicite doublement, mis à même d'accomplir les dernières volontés de M. Dumesnil, de reconnaître que la leçon, ainsi qu'il le disait, vous a été profitable, madame, selon son désir. Quant à vous, mademoiselle, les espérances qu'il fondait sur la fermeté de votre caractère, sur la vaillance de votre cœur, sur la précocité de votre raison, se sont réalisées... Enfin, madame, si décevant, si pénible qu'ait été pour vous le passé, vous n'oublierez jamais, je le sais, que, grâce à la sollicitude du grand homme de bien dont vous avez porté le nom, et aux fruits amers et salubres de l'expérience, votre avenir et celui de mademoiselle seront aussi paisibles qu'heureux.

— Ah! monsieur le docteur, — répondit madame Gabert les larmes aux yeux et avec un accent pénétré, — c'est d'aujourd'hui seulement que je porte le *deuil de cœur*... du père de ma fille... car aujourd'hui j'ai pu apprécier ce qu'il valait et admirer sa tendre prévoyance et son ineffable bonté; aussi, croyez-moi, le deuil de mon âme sera éternel.

— Oh! oui, éternel comme notre vénération pour la mémoire de celui que nous vénérons, comme ma tendresse pour toi, bonne mère; éternel enfin comme notre reconnaissance pour vous, monsieur le docteur Max, — lui dit Henriette en lui tendant cordialement la main.

FIN DE HENRIETTE DUMESNIL.